好好过节

传统节日践家风

黄玉宇 / 著

南方日报出版社
NANFANG DAILY PRESS
中国·广州

图书在版编目（CIP）数据

好好过节：传统节日践家风 / 黄玉宇著. — 广州：南方日报出版社，2020.7（2024.1重印）

ISBN 978-7-5491-2197-7

Ⅰ. ①好… Ⅱ. ①黄… Ⅲ. ①节日－风俗习惯－中国－通俗读物 ②家庭道德－中国－通俗读物 Ⅳ. ①K892.1-49②B823.1-49

中国版本图书馆CIP数据核字(2020)第098863号

HAO HAO GUO JIE CHUANTONG JIERI JIAN JIAFENG

好好过节：传统节日践家风

著　　者：黄玉宇
出版发行：南方日报出版社
地　　址：广州市广州大道中 289 号
出 版 人：周山丹
策 划 人：柏昃霞
责任编辑：方　明　曹　星
特约编辑：曾巧英　苏金璇
责任技编：王　兰
责任校对：肖　颖
插图绘制：青菜道长
整体设计：李　健
经　　销：全国新华书店
印　　刷：长沙鸿发印务实业有限公司
开　　本：710 mm × 1000 mm　1/16
印　　张：12
字　　数：100 千字
版　　次：2020 年 7 月第 1 版
印　　次：2024 年 1 月第 3 次印刷
定　　价：50.00 元

投稿热线：（020）87360640　读者热线：（020）87363865
发现印装质量问题，影响阅读，请与承印厂联系调换。

唤醒节日仪式感，培养内在丰盛的孩子

这是一本好书！过去关于节日的书籍大多是写节日的来源，是介绍性与知识性的，很少有像玉宇老师这样把节日的来源、背后的家风内涵与通过节日来进行对家人的教化及其具体操作的方式融为一体的。这本书里面有情感，有回忆，有成长的印记，是部能不知不觉走进人内心并带来温馨与温暖的作品。

当代中国人的生活方式越来越与世界接轨了，每个小世界的样子越来越相同，家庭单位被分割得越来越小，家庭与家庭之间的关系不再像从前那样邻里相融。改变的不仅是生活方式，更重要的变化是精神与情感层面的。

节日代表着时空的流转、人们对美好生活的向往，也是人们生活阶段性的调节。节日提示的日月星辰、四季变化都蕴含着天地大道的规律，藏有人们对天地万物的敬畏之心及对未来

的某种期盼。敬畏之心、文化的厚重度、对美好生活的期盼，还有亲情链接，都是家风的底蕴层次。

我相信当代人已经感觉到现在过什么节日好像都已经没有什么区别了，同样的放假、聚会、吃饭、出行，差别只在于放假的天数不同，其他的都差不多！就连过年，年味已经没有以前那么浓了。很明显的，随着生活的现代化，传统文化正在丢失，而且丢失的不仅是传统文化，还有家中的教育方式。家中的仪式感若褪色，孩子们的敬畏之心将更难培养。一个人的敬畏之心会体现在一个人的精神追求上，体现在一个人的敬天爱人上，体现在一个人的格局与包容上。而节日的仪式感恰恰会丰富孩子们的内在情感与精神向往。

过节是民族几千年来前人给后人留下的宝贵的精神财富。道为无形，无形化于精神却显于财富。无形的天地规律加上无形的人文内涵变成了有形的节日仪式、表现形式，再加上节日的道具，还有家人的全体参与，形成了一个巨大的文化场域，人身处文化场域之中会不知不觉被无形地教化。

如中秋节，月圆之夜，合家齐聚一起，天地人和再加上一块月饼作为道具，来个仪式！这是视觉、感觉的完美融合！过了一个节日又期盼着下一个节日，一次总结又带一个希望，都是美好的向往，永远对生活保有希望！

凡是注重节日的家庭，都是更注重家庭精神培养的家庭。孩子从小在这样的家庭长大，精神丰盛度会不同，这类孩子的精神与思想、心灵与情感发展都会更好。祝福你！

林恒辰

2020 年 5 月 20 日

自序

求索至美中国节，传承至醇中国风

加入爱自然生命力体系之后，我对名门望族中的家风传承规律及无形的精神传承是否会影响子孙的人生轨迹产生了极大兴趣，于是开始了对家风传承的漫漫求索之路。

2017 年 7 月 13 日，我带着这份对家风的敬仰和思考，回到了老家——福建南安市罗东镇，追寻先辈的历史足迹，探究紫云黄氏一脉的家风、家训、家规。

我在走访过程中发现，紫云黄氏始祖黄守恭一直鼓励子孙外出创业发展，并留下了许多融合了“儒、释、道”思想的教育理念，成了千百年来黄氏族人恪守的家训、家风，对后代产生了深远影响。

紫云黄氏一族也因此英才辈出，唐代至今，状元、进士者众。

现摘录紫云黄氏家训于此，以飨读者：

紫云黄氏家训

一、敦孝悌

凡为人子弟者，当尽孝悌之道，孝敬父母长亲，友爱兄弟姐妹。

二、睦宗族

宗族本同根源，虽然支分派别，应宣一本之谊，共成亲亲之道。

三、和乡邻

乡邻同井之居，应予守望相助，出入亲善和睦，如同一家之亲。

四、名礼让

礼为处事之道，不作亢戾骄暴，特倡礼让谦虚，诚实逊顺待人。

五、务本业

人之各行其业，业精于勤匆嬉，乃得自食其力，力求务实进展。

六、端人品

存心居仁由义，注重明礼达用，正以贵其实也，做儿孙好榜样。

七、隆师道

尊师重道崇教，时时切实学习，务使能知能行，以立教化之本。

八、时祭扫

宜诣依时祭扫，不忘祖德宗功，扫剪荆榛去秽，以尽孝妥祖灵。

九、戒争端

对人以和为贵，心胸气量宽广，多为他人设想，切以忍让为尚。

十、莫为非

行为正大光明，切勿贪财好色，存有天理良心，而无愧于天地。

十一、敬尊长

遵行尊卑上下，不得以卑凌尊，诚恳敬重尊长，尽力为之效劳。

十二、守法律

遵守律例法规，宜必畏之免之，维护社会秩序，保障家庭和谐。

十三、崇谱系

重视家族谱系，近知宗亲之谊，远明本身来源，不敢辱祖忘本。

从我们黄氏一族的家训中不难看出，传统家训虽涉及领域广泛，但始终围绕治家教子、修身做人展开，其实质与立足于伦理教育和人格塑造的现代家庭教育有异曲同工之妙。

家庭是一个人成长的摇篮，而家风则是一个人精神世界构建的开端。有什么样的家风，就会有什么样的道德品性；有什么样的家风，就会有什么样的为人处世。作为与我们国人“同根”的培养道德情操、规范行为举止的教育方式，通过家规家训来塑造家风，毋庸置疑仍将是国人立规教子的首选。

说到“家风”这个词，可能你会觉得很陌生，而且家族中好像并没有流传下来什么家规家训，在日常生活之中似乎也感受不到家风对家庭的影响。可其实，家风家教一直根植在我们心灵深处，是代代中国人不曾被割裂的精神传承。华夏文化源远流长，中华儿女薪传火继，正是因为有家风家教为伴。

越在家风建设课程中钻研，我便越发感觉到家风对家庭氛

围的重要影响，而越是感受到家风的重要性，便越能感受到中华传统文化对家风塑造的重要性、传统节日文化及其习俗对青少年品格养成的重要性。

在我还小的时候，父母每年都会带我参与不同的传统节日活动，春节扫尘、元宵赏灯、清明踏青、端午插艾、七夕观星、中秋望月、重阳登高……每逢一家老小团聚之时，我们须遵循祖辈的古礼，举办隆重的仪式。节日期间丰富多彩的习俗风尚、人们的衣食住行、民族的传统艺术以及人们之间的社会关系、人与人之间的各种情感，都在我面前得到充分展现，这种强烈的文化氛围及其中蕴含的道德资源，时至今日回想起来，仍使我受益颇深。

然而在小家庭建立、西方文化冲击、现代消费观念影响等诸多因素作用之下，现在的我们越来越感受不到过节的氛围。很多人都说现在的生活质量提高了，平时也能吃好穿好，节日便显得有几分乏味，还不如西方节日圣诞节有气氛。受此影响，越来越多的孩子对传统节日文化变得一无所知，传统节日开始淡化，传统文化情感逐渐缺失。

事实上，传统节日里那些代代相传的节俗，往往能沉淀我们的内心，让我们在焦躁无序的生活中找寻到片刻安宁之地，收获内心的小美好，其中也承载了祖先的优良的精神传承，值得我们和孩子一起借此找回我们文化的根，共筑我们民族的魂。

这需要我们从言教、身教、境教、心教四个方面入手。

一、言教

语言是具有能量的，语言是有声的思想，它拥有很强的振波，就像小小的能量子弹，射入肉眼所不能见的生命领域。虽然我们看不见，但语言的力量依旧充满于房间、家庭、环境和我们心里，渗入我们的生命。

祖辈在传统节日中很注重幼儿养性、童蒙养正、少年养志、青年养德，他们会通过一些传统节日及当地的民俗来教化孩子。祖辈会在家庭成员齐聚的节日把子孙后代集合到大堂说一些与圣贤智慧、名人伟人的生存智慧有异曲同工之妙的话，大道至简地来教化后人。

我们也可以借鉴祖辈的教育方式，在传统节日将孩子们召集起来，与孩子共度佳节。在此期间，我们除了介绍这个节日的来源以外，还可以介绍一些与节日相关的名人故事，通过询问孩子对故事的感悟形成言语互动，通过言谈来影响孩子。

二、身教

虽然儿童对传统节日及其仪式有所关注，但普遍停留在较浅的感性层面，被动引导、缺乏体验是其主要原因。如果父母自己深谙传统节日精神，掌握传统节俗知识、相关节日仪式等，就能为孩子营造正确的节日氛围，引导他们亲自参与准备、参与仪式的过程，在庆贺中完成节日教育。

除了节日，家长在日常生活中，也应给予孩子相应的传统文化知识与教育，让儿童自小受到熏陶，使家庭的优秀传统与中华民族的优良传统紧密结合。

“身教胜于言教”“上所施下所效”，父母对于中国传统节日的重视会通过言传身教让孩子耳濡目染，自然而然地接受，且未来通过自己家庭的组建影响至下一代。这样，“传承”与“延续”才得以实现。

三、境教

在人和人之间差异的形成因素中，除去先天遗传因素，最重要的就是环境因素了。有这样一句话：人创造环境，同样环境也创造人。环境和人相互作用，相互连接。

境教便与这一理念有异曲同工之妙。境教即“父母通过环境无形地教育孩子，孩子被教育了却不知道被教育了”。这一教育真正到达了最高的教育境界——“家长有知有觉地教育，让孩子在不知不觉中受教育”。

因此，为了达成让孩子于无形之中受教育的目标，在传统节日来临前，父母可布置好相应节日的可视化外在环境。在节日当天，这一环境的氛围会进入孩子的内心直接产生作用。

优良家庭环境的布置应遵从三个原则：净、静、敬。

净：干净、整洁。净有两个方向：一是硬件摆设，也就是创建良好的家庭文化环境。家里先要干净、整洁，再布置某个传统节日的装饰品、挂件、图解故事资料、多媒体节日元素等。如家里有读书环境、有书房，墙上挂有家训家规、全家福、教育的标语，孩子更容易对传统文化、家族文化产生熟悉感。二是软件设施，即父母的行为要正向积极，父母之间的相处要和谐，在节日中家族成员携手共建家庭文化氛围，亲自给孩子做榜样。

静：心静、宁静。小孩子在过节的时候往往会很开心，有时甚至会得意忘形，但只要孩子不违规不太过，长辈要保持心静，让家族气场更加和谐稳定。

敬：尊敬、敬畏感。在过传统节日时，家庭中的长辈要对节日的历史、故事及其传承的精神进行渲染，让家族成员对传统节日有所了解，对其传承的精神保有敬畏感。

四、心教

长辈能够传承给孩子的是“明心净心”的功夫，而把“明心净心”功夫传给孩子的过程，就是心教。在起心动念处无形传给孩子。

利用传统节日来建设家风的最高境界，就是通过传统文化节日将其中饱含着的中华民族核心精神传予子孙，这种内化于心的精神对家族成员的心性起着承上启下的作用。在心教的历程中让孩子找到楷模。

春节、元宵、清明、端午、七夕、中秋、重阳……这些直至今日仍在延续的传统节日，不应被束之高阁，成为供人瞻仰的文物，更不应被我们弃如敝屣，认为全是过去遗留下来的糟粕。传统节日、传统文化中精华的部分，是我们赖以生存、赖以成长的文化的根，不管我们走了多远，走到了哪个地方，我们内心对于自己文化的认同感、仪式感，都将指引我们找到回家的路。

我在学习家风课程的几千个日日夜夜中，总结了一些新时代家庭如何利用中华民族智慧的结晶——传统节日及其习俗来建设家风文化的心得。我希望通过一些在传统节日时适合全家人共同参与的、互动性强的活动，将传统节日与家风建设相结合，让无形的家风通过有形的仪式显现，并影响家庭于“细无声”之中。

愿所有的家长都能敏锐地把握并利用传统节日的大好时机，尽可能地让孩子参与其间，并适时加以点拨，让孩子们从中国的传统节日中感受“莫笑农家腊酒浑，丰年留客足鸡豚”的喜悦，享受“碧艾香蒲处处忙。谁家儿共女，庆端阳”的惬意，一展“人生易老天难老，岁岁重阳。今又重阳，战地黄花分外香”的豪情，从中体会到传统生活方式的雅致之美，成为优秀传统文化、优良家风的传承者和践行者。

目录

第一章 旧岁钟声入新年

习名门之风

第二章 元宵邀宾灯火新

第三章 清明时节雨纷纷

第四章 高咏楚词酬午日

第五章 卧看牵牛织女星

第六章 万古清光此夜圆

第七章 菊花须插满头归

开启节日之旅

福
新春大吉

第一章

旧岁钟声入新年

年节将至，是雪与红梅怒放之时

素手剪一枝腊月红梅，燃一捧红泥小炉，融雪烹茶

看孩子们堆雪嬉戏，围炉话家常

漂泊在外的游子跨越山海，穿过人潮，向家而来

待得除夕，与家人持灯守岁，派发利是

听鞭炮响亮，看烟火耀眼，楹联火红

在酝酿许久的期待中，一起辞旧岁，贺新年

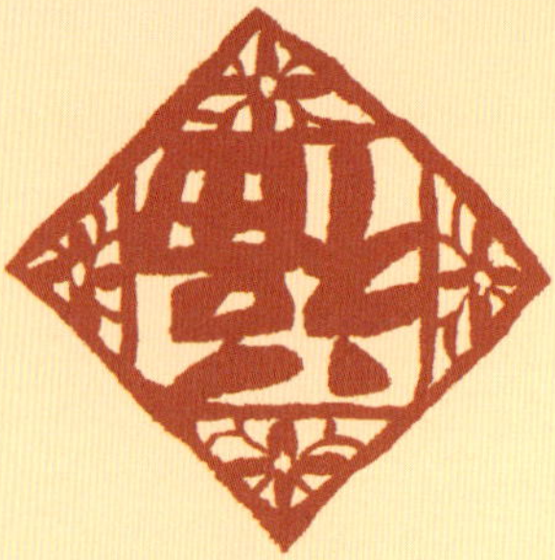

春节

中国七大传统节日当中，最重要的应属春节。春节，即农历新年，是一年之岁首，传统意义上的“年节”。春节历史悠久，由上古时代岁首祈年祭祀演变而来。万物本乎天，人本乎祖，祈年祭祀、敬天法祖，报本反始也。春节的起源蕴含着深邃的文化内涵，在传承发展中承载了丰厚的历史文化底蕴，是中华民族最隆重的传统佳节。

春节期间，离家的人们回到家乡，与亲人团圆欢聚，与亲朋乡里相互交流问候。春节成为人们增进感情的纽带，传递着亲朋乡里之间的亲情伦理。

驱“年”的故事

传说中国古时候有一种非常霸道的怪物，叫作“年”，形象狰狞、面目可憎又凶残成性。“年”长年深居海底，但是每年都有那么一天，就是现在的除夕这一天，“年”会出来吞食牲畜，残害人命。所以每到除夕这一天，老百姓只好躲进深山老林以免被“年”兽残害。

有一年除夕，一位行乞的老人来到一个小村外，村头的一位老婆婆发了善心，给了他一些吃食，并劝他快快上山，哪知老人捋了捋随风飘动的胡子说：“婆婆尽管进山，我就在婆婆家，今夜便将‘年’兽赶走。”老婆婆劝说不得，只好独自跑上山去。

夜黑风高之际，“年”风风火火地来到村外。往年村民因为害怕“年”变本加厉，逃出村子的时候还会给“年”留些食物。“年”此时正在想着怎么饱餐一顿，刚走到村头就发现不对，村头的老婆婆家门上贴着大红纸，屋里的油灯烧得通亮。“年”胆战心惊地想走近看个明白，刚刚走到门外不远处，就听见院子里传来“噼里啪啦”的巨大声响，被吓得一愣。这时院子的门忽然打开了，只见一个穿着红衣服的老者站在院内哈哈大笑，这下“年”慌了神，撒腿便跑。原来“年”最怕红色、火光和炸响。

第二天正月初一，避难的村民成群结队地回来了，发现村里居然没像往年一样变得破败残缺时，都愣住了。大家交头接耳，议论开来。这时，老婆婆回过神来，想到了那个行乞的老人，便回家找他出来跟大家说明了情况。大家都被震惊了，纷纷感谢他。

这件事一传十，十传百，慢慢地老百姓都知道了驱“年”的办法。从此，每年除夕，家家起个大早贴上红色的对联、燃放爆竹，到了晚上户户烛光闪耀。吃过晚饭后，大家坐成一圈谈天说地、守岁迎新。初一大早，还要走亲串友，街坊四邻挨家挨户地去拜年。据说“年”兽从此再也没有出现过。

家风解读

“年”是很凶猛的，在老乞丐来之前，村民们每次都会躲避“年”兽，后来却不害怕了。这个故事告诉我们，碰到问题时，既需要大家齐心协力，也需要有勇气的人愿意出来承担。每个人都有自己的弱点，在面对比自己强大的敌人时，不要害怕，找出对方的弱点，然后想办法战胜它！每个家族都会遇到困难，家族中最有影响力的那个人，如果能带动家族成员的力量一起面对，就没有过不了的难关。

扫尘

扫尘就是年终大扫除，腊月二十四这天，家家户户都要打扫环境，清洗各种器具，拆洗被褥窗帘，洒扫六闾庭院，掸拂尘垢蛛网，疏浚明渠暗沟，到处洋溢着欢欢喜喜搞卫生、干干净净迎新春的欢乐气氛。按民间的说法，因“尘”与“陈”谐音，年前扫尘有“除陈布新”的含义，扫尘用意就是要把一切穷运、晦气统统扫出门，以祈来年清吉。

扫尘中互动，劳动中成长

在春节这样辞旧迎新的节日里，“扫尘”这一习俗可以说本身就充满了仪式感。

年前大扫除时，家长带着孩子一起打扫，让孩子参与家庭除旧布新的过程，既能提高孩子的劳动技能，又能强化孩子的家庭认同感和角色意识，让孩子意识到自己是家庭的一员，应承担相应的责任。过程中通过一些仪式表达情感体验，还可以让孩子学会表达一些重要的情感。

在“扫尘”时，家长朋友不妨试试与孩子进行下列互动——

1. 在劳动中学习或巩固知识。如在收纳衣物、玩具时，让孩子按大小、颜色、形状等分类收纳，锻炼、强化孩子对这些知识的认识。

2. 在劳动中增进亲子交流。如家长可以边劳动边给孩子讲讲自己小时候是怎么劳动的。

3. 在劳动中增强学习氛围。和孩子一起整理书籍时，总结这一年中，孩子和家长各自读了哪些书，交流分享各自的收获。

4. 在劳动中培养孩子爱心。每年的“扫尘日”，家长正好可以和孩子一起整理一次闲置物品（比如由于孩子长个儿快，很多穿了一季就小了的衣物），把不需要的捐赠或送给有需要的人，让孩子充满爱心。

许多让孩子参与了大扫除的家长都表示，孩子在参加完之后，明显变得对家庭更有责任心。所以建议家长们，不管在农村，还是在城市，都可以让孩子参与大扫除。

办年货

过年时的吃的、穿的、戴的、用的、贴的（年红）、送的（拜年）礼物等，叫作“年货”，而采购年货的过程就叫作“办年货”。办年货是中国人过春节的一项重要活动。

购置年货，传承年味

备年货、送年礼是几乎全国上下的“过年必备”活动。

记得小的时候，奶奶带我去买对联，在路上说了句“团仔爱年兜，大人乱糟糟”，意思是，小孩子欢喜过年，而大人却是一团乱，一方面是因为忙着筹办年货，另一方面是因为过年得花很多钱。“乱糟糟”并不是贬义词，它表达的其实是大人们在忙碌中收获“丰收”，传递的是一种幸福感。奶奶的这句话使我对春节有了更深的认知，也使办年货成为我童年美好的回忆。这就是参与的好处。

所以，现在每一年过年前，我都会带着儿子一起买年货，让他参与进来。在买的过程中儿子会问：“妈妈，为什么要买这些？”我就会告诉他，我买的年货分别是正月初一到十五这 15 天中哪天要用到的，它们的寓意是什么。

家长如果不让孩子知道年货的具体用处，过年时也没有一些特殊的情景和仪式感，孩子可能就感受不到年味，认为春节和平时的放假没什么区别，都是父母带着自己吃吃喝喝或到处逛逛。而让孩子参与买年货，在过程中为孩子充分讲解哪些年货在春节期间哪天是需要用到的，有什么样的意义，能让孩子身临其境地充分认识春节，理解春节对于中国人民的特殊含义，从而让过年有“年味”。

贴春联

春联，也叫门对、春贴、对联、对子、桃符等，以工整、对偶、简洁、精巧的文字描绘时代背景，抒发美好愿望，是我国特有的文学形式。每逢春节，无论城市还是农村，家家户户都要精选一副大红春联贴于门上，为节日增添喜庆气氛。

春联对对红，家风代代传

说起春节，我印象最深刻的就是春联。记得小时候，别人家都是去买春联，我们家则由我爸爸写，一到春节就是他“大显身手”的时候。爸爸现在年纪大了，不再自己动手写了，但我们去买春联时挑选的也肯定是爸爸曾经最爱写的关于爱家爱国、勤勉奋斗的内容，想通过这种方式将家风一代一代传承下去。

在家风游学时，我走访了浙江金华的诸葛村。这个村里，每家每户贴的对联，内容都是教育的“标语”。一到春节，村里家家户户的长辈都会带着孩子贴对联，还会带着孩子参观村里每家每户的春联，告诉他们每一副对联的寓意。

这让我深受触动。这是一个幸福的时刻，是一个学习的过程，更是一次亲子的沟通。孩子们天天在村子里玩，走哪儿都能看到对联，这些教育的“标语”无形地教育了孩子，孩子却不知被教育了。

春联一直是中国文化最淳朴最智慧的学习之道，是中国民众展示生命愿景的最基本形式，也成了我们中国人最重要的精神载体。我们若是只把春联当成过节仪式中的一个道具、一个摆设，就太浪费了，它实在应该成为我们在春节期间和孩子进行亲子沟通、对孩子进行生命教育的基本内容，通过富有时代意义、充满正能量的对联内容和与

对联相关的活动来潜移默化地影响孩子的心性及三观。

围绕春联，家长朋友可以与孩子进行下列互动——

1. 和孩子一起读春联。

春节时家长可以带着孩子去阅读各家贴出的春联，为孩子讲解每一副春联所表达的美好愿望。同时，可以教年龄小的孩子认字，为他讲解字面意思，还可以教年龄大的孩子一些对联知识。带孩子一起选购对联时，也可以进行这样的讲解。有些家长可能会说“我自己也不了解啊”，不了解没关系，那就正好和孩子一起找资料，上网或者去图书馆找找对联相关的知识，让孩子了解对联这项传统文化。春联的内容五花八门，尤其是那些因生命感悟之作，常常能激荡人们的心灵，随意读几条都能有所感悟、有所收获。

2. 与孩子一起写春联。

我表姐毛笔字写得很好，每年春节我也会带上孩子一起写春联。作为传统文化的重要组成部分，春联其实面临着传承与发展的问题。写春联时，孩子们用稚嫩的小手挥洒下文化的种子。这样的亲子实践活动，既能丰富孩子的精神生活，也能促使孩子树立“认识传统，尊重传统，继承传统，弘扬传统”的思想观念，增强孩子对春节这项传统文化的认识，提升孩子的民族自豪感。

3. 带孩子一起贴春联。

带领孩子贴春联不仅是精神文化的传承，也是亲情的守护和传递，还是家庭教育和生命教育的典型案例。带领孩子贴对联时，可以为孩子讲解贴对联的规矩：

（1）左右联勿贴错：张贴春联时把上下联贴错位置是不懂对联知识的人常犯的错。要区分上下联关键在最后一个字，根据格律规定，对联要“仄起平收”，也就是说，上联最后一个字必须是仄声字（普通话三声、四声）结尾，下联则是平声字（普通话一声、二声）结尾。贴对联时应将上联贴在右边，下联贴在左边，左与右则以面对大门或壁柱来分。之所以这样张贴，是因为直行书写都是从右到左，所以念对联也是从右向左念。

（2）贴春联的“吉时”：最好是在除夕早上 6 点到中午 12 点之间，把旧的春联撕破，贴上新的春联，表示破除不好的运，有除旧布新的意思。

通过可视化的对联无形地教化孩子，让孩子在娱乐的同时领会中华文化的精髓，应该成为春节这个节日我们最大的收获。

装饰年红

春节装饰以红色传统饰物居多，例如常见的窗花、年画、红灯笼、中国结、香包等，一般都能契合中国人喜欢的美好寓意。

剪纸在我国是一种很普及的民间艺术，千百年来深受人们的喜爱，因它大多贴在窗户上，所以也被称为“窗花”。窗花以其特有的概括和夸张手法，将吉事祥物、美好愿望表现得淋漓尽致，也将节日装点得红火富丽。

年画是我国的一种古老的民间艺术，反映了人们朴素的风俗和信仰，寄托着人们对未来的希望。春节挂贴年画，在城乡都很普遍，浓墨重彩的年画给千家万户平添了许多兴旺欢乐的喜庆气氛。

中国的灯笼又统称为灯彩，起源于1800多年前的西汉时期。每年除夕前后，人们都挂起象征团圆的红灯笼，来营造一种喜庆的氛围。

创设吉祥环境，传递吉祥文化

家风游学中，我在走访名门望族的过程中发现，这些名门故居的房梁、窗户、门、床等地方都雕刻着具有代表性的吉祥物。这种有形的摆设及雕刻能反映出主人的价值观。在不同的价值观下，人们建造的环境是不同的，不同的环境反映出主人的不同心性。

当代社会，交通通信发达，但是家庭成员在平常实际是聚少离多。而在春节这样阖家团圆的日子里，创设吉祥文化，传递正向价值观就变得尤为有意义。

春节时，可以在居室中玄关位置贴年画、挂中国结和全家福，这样家族成员们一进门就能看到喜庆，看到全家福，产生家族团聚、和谐幸福的深刻印象。卧室中，儿童房适合选择如意结，老人房可以搭配吉祥结，这都是寓意不错的配饰。

在春节期间，家长也可以带领孩子学剪吉祥符号、窗花、福字图案等。一边剪，一边讲春节剪吉祥图案的故事及历史由来——

中华民族5000多年的漫长岁月里，先民们巧妙地运用人物、走兽、花鸟、日月星辰、风雨雷电、文字等，通过借喻、比拟、双关、谐音、象征等手法，来表达自己对吉祥美好生活的向往。透过这一个个纹饰、图案、符号，可以看到中国人的生命意识、审美情趣、宗教情怀和民族性格。

时至今日，吉祥符号、吉祥图案在中国几乎无处不在、无人不用。吉祥对中国人而言，就像水之于鱼、天空之于鸟、空气之于人。吉祥符号已经成为中国人生活中不可缺少的重要内容，可以说已经成为中国人的心灵慰藉。

孩子参与到吉祥环境的创设过程中，更能感受到整个家庭对新的一年的美好期待。

在五花八门的居室摆设中，有的只有单纯的装饰性，也有的实用性与欣赏性兼具。为了让孩子在居家时感受到家族祖辈传承下来的良好精神气质，除了年红这些专属春节的节日装饰物以外，还可以在日常家居环境中增设家规家训、颂祖德的专门要素。比如，在墙壁上悬挂家训家规、教育标语、书画作品、祖辈图文故事等，以其意涵教化家庭成员；增设各种可视化的书柜书架、复古的器具等，以其环境对家庭成员进行文化熏陶。

燃爆竹

在新的一年到来之际，家家户户开门的第一件事就是燃放爆竹，以噼噼啪啪的爆竹声除旧迎新。爆竹是中国特产，亦称爆仗、炮仗、鞭炮，至今已有2000多年历史。放爆竹可以创造出喜庆热闹的气氛，是节日的一种娱乐活动，可以给人们带来欢愉和吉利。

辞旧迎新爆竹响，推陈出新过新年

以前，放鞭炮是孩子们春节时最期盼的也是最能烘托节日气氛的一种活动。

近些年来考虑到安全、环保等因素，大多数城市已经禁止燃放烟花爆竹。这也意味着，春节期间，有的城市没有爆竹声的陪伴。

当然，在允许放爆竹的地方，让孩子体验放爆竹这一年俗未尝不可。年夜饭备好，先放爆竹，爆竹声后，碎红满地，一家子人团团圆圆吃饭。但是爆竹毕竟有安全隐患，所以孩子玩烟花爆竹时，大人一定要陪伴左右并做好安全预防工作，既让孩子感受到过年的氛围，又保证孩子的安全。

有的城市告别爆竹，远离危险、隐患与噪声，还天空一片澄净，街道一片整洁。市民们带着愉快的心情，将精力投向亲朋好友，投向大集、庙会，投向各种各样的民俗活动与文化场馆，过一个环保年、安心年。将环保种进孩子们的心田，未来生发出的，必将是新的民俗，新的情怀，新的关于年味儿的记忆。

祭祖

中国是一个重人伦、贵亲情的国度。祭祖是春节习俗中最古老的内容之一。春节祭祖是一年里规模最大的祭祖活动。祭祖的目的是感谢祖先功德（即所谓“慎终追远”），有团结家族力量、加强家庭关系的作用。

祭祖连根传家风

我小时候，过年时，家里有一项重要的仪式——拜祭祖先。

那时候家里有一张很“神秘”的家谱，上面密密麻麻地记载着先辈的名字，我们要把这个家谱世世代代传承下去，也要把世世代代的良好家风传承下去。

我家的祭祖仪式大致分为以下几个部分：

1. 准备祭祀物品，通常是过年食材中最好的。

2. 年三十午夜前要全家举行祭拜仪式。

3. 仪式结束后父亲端坐在家谱前，讲述家族家训及家族中最灿烂的历史和最深刻的教训。

4. 所有人面对家谱向父亲汇报一年来个人为家做的贡献。（这一项是我儿时最害怕的，因为要汇报当年期末考试成绩）

5. 最后一项是发红包。

祭家谱的活动，我小时候家里每年都会进行。父亲的讲话就好像年终总结一样，包括粮食收成、盈亏情况、子女成长、明年打算等。祭拜家谱的仪式，很传统，很精髓，是一个家庭家风的绵延传承，我自己深受其益，也把它分享给大家作为参考。

吃团圆饭

吃团圆饭是家家户户最热闹最愉快的时候。大年夜，丰盛的年菜摆满一桌，阖家团聚，围坐桌旁。桌上一般少不了两样东西：一是火锅，二是鱼。火锅沸煮，热气腾腾，说明红红火火；“鱼”和“余”谐音，象征“吉庆有余”，也喻示“年年有余”。

团团圆圆传家风

中华儿女最讲究全家团圆。每年春节中国的家庭基本上都会阖家团圆吃年夜饭，我家也不例外。

我家吃团圆饭时，第一碗饭敬祖先，提醒我们新年伊始不忘精神之根；第二杯酒敬长辈，告诉我们长幼有序、敬老孝亲；而后亲人们围桌叙旧，谈谈成绩，彼此激励。这时，我父亲会给我们讲他小时候的事：我爷爷（他爸爸）一个大家庭20多人，吃饭的时候，我爷爷先给我太爷盛饭，太爷动筷了，他们才敢吃饭，我太爷就把好吃的给我爸吃一口。这就体现了我们家“尊老爱幼，孝敬长辈”的家风。父亲告诉我们要兄友弟恭，才能给后辈做榜样，教他们学会老对少、大对小的传、帮、带。他还告诉我们，吃饭时“杯不出栏，筷不出缘”，如果长辈给晚辈添饭加菜，吃饱了不想要了，不宜说“不要”，而是说“有了”，如果个别茶果吃完了，不直接说“没有了”，宜说“吃兴了”或“太多了”。吃年夜饭时，杯、盘、碗、碟如不慎被打坏时，忌说“完了、完了”等不吉利的话，宜说“发财、发财”或“岁岁平安”。

父亲的教诲让我们懂得餐桌礼仪，勤勉、敬老、文雅的好家风在春节的“吃文化”中得以传承。因此，春节虽热闹，应长记先辈之辛劳，奋当代之力，求长远发展。

以前年夜饭时闲聊的一些至理名言，今天正以“家训”的形式出现在我们家的生活中，将前辈的优良家风传承下来，成为一种潜在的、无形的力量，引领我们健康成长。

发压岁钱

据说压岁钱可以压住邪祟，而人们认为小孩容易受鬼祟的侵害，所以年夜饭后长辈要将事先准备好的压岁钱派发给晚辈，晚辈得到压岁钱就可以平平安安度过一岁。

管理压岁钱，建立理财观

长辈过年给压岁钱，体现出长辈对晚辈的关爱和晚辈对长辈的尊敬，是一项整合家庭伦理关系的民俗活动。

一般传统是吃完年夜饭后，长辈开始发压岁钱。小孩子们齐集客厅，高呼“爷爷奶奶（或爸爸妈妈）新年快乐”，列队跪拜，然后伸手要红包。曾有童谣唱道：

三星在南，家家拜年；

小辈儿的磕头，老辈儿的给钱……

记得小时候，长辈会在我们睡着后悄悄地把压岁钱放在我们枕头边，这一习俗传承下来，承载着长辈对晚辈无尽的关爱与美好的祝愿。

现在人们的生活越来越好，孩子们得到的压岁钱金额不再是一笔小数目。在有些家庭中，孩子的压岁钱只是在孩子手里过一下就收回父母手中，父母口里说着替孩子收着，但是孩子根本没有机会管理自己的压岁钱。其实，3 岁以上的孩子就能够培育财商，让孩子从小就自己管理自己的压岁钱，是一个培育财商的绝佳机会。

父母要给孩子这个机会，引导孩子科学管理压岁钱：

1. 为孩子准备一个存钱罐，让孩子掌管自己的压岁钱。

2. 同孩子商量好，怎么处理压岁钱。

3. 给孩子支配小数额压岁钱的权利，比如 100 元以内。

父母通过引导孩子管理压岁钱，能帮助孩子树立正确理财观，培养理财能力，将来才能理性面对金钱、科学理财。

守岁

除夕守岁是年俗活动之一，守岁之俗由来已久。守岁的民俗主要表现为所有房子都点燃岁火，合家欢聚，并守“岁火”不让其熄灭，等着辞旧迎新的时刻，迎接新岁到来。除夕夜灯火通宵不灭，曰“燃灯照岁”或“点岁火”，所有房子都点上灯烛，还要专门在床底点灯烛，遍燃灯烛，谓之“照虚耗”，据说如此照过之后，就会使来年家中财富充实。除夕之夜，全家团聚在一起，吃过年夜饭，点起蜡烛或油灯，围坐炉旁闲聊，通宵守夜，象征着把一切邪瘟病疫驱走，期待着新的一年吉祥如意。

共度除夕叙家风

现在，每年除夕夜，不仅是我们一个小家庭的团圆日，更是我们整个家族的团圆日。

我们家族一百多人在除夕夜欢聚一堂，一起吃年夜饭，开席之前先敬祖宗、敬家族最年长的长辈。大家在席间聊家常，叙家风，并且一起守岁，共度美好时光。

这样的除夕聚会我们家族已经坚持了很多年不曾间断，这是因为家里长辈们都有着一个共同心愿，希望通过每年春节家族聚会让子子孙孙能相聚并培养兄弟姐妹之间的感情，传承优良传统、优良家风。我们几代人从四面八方会聚到古宅，是情的体现、爱的归根、感情的交合、和睦的源泉。

现如今家族人丁兴旺，枝繁叶茂。我们这些晚辈后人赶上了太平盛世，过着幸福美满的生活。但我们都不会忘记，倘若不是我们那些老祖宗历尽千辛万苦，以极其坚强的意志活下来的话，这世上就不会有我们这些人。就如家风课中的倒三角家族能量体验，追溯到我们祖先十八代就有近四十万的先辈，也正因为有了先辈们的共同努力才能留下我们。每个先辈都很重要，我们并不是单独而存在的，我们背后有千千万万的祖先支持着我们，每个人承载着家族的责任与使命，共同构建家族的和谐。

因此，这样的大聚会、大团圆既营造了家族人相互关心、相互爱护、相互帮助的良好氛围，更激发了我们家族成员的自豪感和荣誉感。

“物有报本之心，人有思祖之情”“水流千里有缘，族传万代是亲”。这样的聚会其实也是缅怀先祖、弘扬祖德、团结宗亲、共续文化命脉的活动，号召家族成员以全族利益为重，不分南北东西，不分支系，明礼诚信，精诚团结，族亲融合，互帮互助，共谋发展，传承家风，增强家族人的凝聚力。

家族每年的聚会活动，能够给大家带来快乐和机遇。我们要团结、统一、和谐、共进，更希望大家要再接再厉，勇创家族奇迹。

拜年

春节期间走访拜年是年节传统习俗之一，是人们辞旧迎新、相互表达美好祝愿、联络感情的一种方式。正月初二、初三人们就开始走亲戚看朋友，相互拜年，道贺祝福，说些恭贺新禧、恭喜发财、新年好等话。

走亲访友去拜年，增强家族责任感

现在有些家庭的拜年就是“礼节性地串个门，送个礼物，吃个饭，收个红包”，而在串门期间，处于求学或工作阶段的晚辈们难免收到来自长辈们的各种“关心”，被各种比较。这让年轻人们一方面觉得无聊，一方面觉得害怕，变得不愿意拜年。

事实上，春节期间家族成员互相拜年，能促进亲人之间的感情交流，进一步凝聚家族成员的力量，为孩子强化家族亲情观念。在春节相互拜年的过程中，家长的行为如果能让孩子感受到晚辈（爸爸妈妈）对长辈（爷爷奶奶、外公外婆等）的孝顺和敬畏，感受到家族成员相聚时的喜悦、互帮、团结，孩子耳濡目染，见证了家长和亲朋好友是如何产生互动关系（互动关系中产生“义”。义就是人与人之间的关系，通过拜年，亲朋好友在互动中产生连接，在义中学会顾及别人感受、为他人着想、相互协助，以后孩子才会在义中产生财富。财富是人与人交换的频率乘以交换的质量。如果你交换的人质量不够高，那你交换人的次数就要多。众多名门望族的家训家规都少不了“义”，晋商乔致庸家族的家训里面有一句话——“以义取利”，取之有道，以义取利，才能够长远），学会从家族成员开始连接，就会自然而然地产生对家族的责任感与荣耀感。

怎么让“拜年”这一习俗起到它的应有之义呢？我个人的经验是，在传统拜年仪式中融入新时代要素。

1. 初一早上先带孩子给爷爷奶奶磕头拜年，孩子再给爸爸妈妈拜年，父母可以在给孩子的红包里放一封写给孩子的信（写下对孩子新的一年的畅想及对过往岁月的感恩，引领孩子的精神及价值观），并让孩子找个安静的地方把这封信读出来。

2. 父母带领孩子祭拜去世的祖辈。

3. 全家集合攻读家风家训家规。

4. 带领家庭成员每人录视频给无法登门拜年的亲友师长拜年。

5. 亲友来拜年时，举办一个小型新年家族联欢会，展示才华，畅想未来，提升家族文化艺术素养。事先商量好，家族成员每人出一个10分钟左右的节目，如爷爷奶奶可以跳广场舞、唱京剧，爸爸妈妈可以演小品、唱歌，孩子可以朗诵诗歌、演奏乐器等。抽签决定登台出演顺序。

这样把传统节俗与新时代元素结合的拜年方式，更能增强孩子对传统节俗的参与度，同时激发家族精神力量。

怎么样，有没找到适合你家的灵感呢？有人说，无论孩子将来遇到怎样的风风雨雨，只要他能找到回家的路，始终都是幸福的，而指引着他回家的，就是这些看似琐琐碎碎却刻骨铭心的家庭小传统。

现在的孩子，很多无从体验这些传统的年俗，更不知道“年味儿”是什么，我总觉得这是一种缺失。从当下开始，让我们和孩子还原春节最初的模样，过一个有仪式感的中国年，把这些习俗传承下去，让“年味儿”留在孩子心底。

中国古代有两个不同的传家理念，一个是传给后代有形的财富，一个是传给后代无形的精神。什么能够传之久远？有形的不一定久远，它有生有灭，有盛有衰，唯有精神财富可以长久地传承。

曾国藩家族家风

家族成就

曾国藩一生对子弟谆谆教诲，子孙后代能人辈出，曾氏家族代有英才，曾国藩的后代哪怕到了六七代，没出过一个废人、一个纨绔子弟。

曾国藩很重视家庭教育、家学和读书的良好家风，这在中国历史上十分罕见。曾氏家族共有 13 个书院，一家五代 6 个家学馆，建有 5 座藏书楼，最多时有 30 多万卷书。

在科举考试时代，曾家人才群体中有秀才、监生、优廪生、优贡生、举人、进士 20 余人。废除科举考试之后，曾家人才群体中有160多人接受了高等教育，不少人还留学欧美或日本，其中取得博士、硕士、学士等学位和获得院士、教授、研究员、高级工程师等职称的多达百余人。曾氏文化世家成员中，除曾国藩、曾国荃等因军功受到清政府封赏外，有一大批杰出人才在许多领域为社会做出了积极的贡献。

家规家训

曾国藩的家规家训主要体现在他的《曾国藩家书》一书中，曾氏家族的第三代、第四代、第五代乃至今天的曾氏后代，都从中汲取了巨大的精神力量。曾氏家训主要体现为以下几个方面：

☆强调“耕读传家，修身齐家治国平天下”，提出“人之气质，由于天生本难改变，唯读书可变化气质”。

☆家败离不开奢，人败离不开逸。

☆八宝（书、蔬、鱼、猪、早、扫、考、宝）。

☆八本（读书以训诂为本，诗文以声调为本，事亲以得欢心为本，养生以少恼怒为本，立身以不妄语为本，居家以不晏起为本，居官以不要钱为本，行军以不扰民为本）。

曾国藩贯彻“俭”“勤”“谦”

在春节中一般老一辈都教育我们不能因为节日大手大脚花钱，要节俭。在这方面，曾国藩可谓典范。

19世纪60年代的某天，李鸿章的夫人要宴请曾国藩的夫人及其几个女儿。这本是一件极其平常的小事，没想到，请柬送进南京两江总督署内后，引起了总督衙门里一个小小的风波。

原来，曾国藩的两个小女儿共有一条体面的绸裤，问题是现在人家请客，两姐妹都要去。这两个小女儿都还年幼，都想穿漂亮点，都想穿这条好裤子。结果，两姐妹就争了起来，小的那一个当然争不赢，输了，便在那里哭。

恰好，曾国藩从外面办事回来，见此情景，就马上安慰她。他是最喜欢这个小女儿的，曾国藩说她有“阿弥陀佛相”。怎么安慰的呢？他说：“明年如果继续做总督，一定给你买一条新的绸裤。”闻听此言，这个小女儿马上破涕为笑。

看到这里，读者不免奇怪：难道曾国藩连一条裤子都买不起吗？

当然不是。那么，他为什么舍不得给女儿买一条好裤子呢？

现代人常说，男孩要穷养，女孩要富养。可是，在曾国藩这里，他是不论男孩女孩一概穷养。尤其是在过去传统中国讲究男主外，女主内的背景下，他认为，女孩对家庭的影响，对子女的教育作用更大，所以对男孩女孩不能有偏见，要一样重视。在他看来，奢侈的环境不利于子孙后代的发展，女孩出嫁后，如果能勤俭持家，不仅能赢得夫家的尊重，也能为娘家赢得好声誉。

因而，对子女的教育，曾国藩始终贯彻三个字："俭""勤""谦"。

"俭"字，曾国藩从自身做起。无论是衣食起居，还是政务军务，曾国藩都崇俭戒奢。

有一次，常胜军司令、英国人戈登来拜访总督大人，他看到曾国藩穿的衣服上还有斑驳的油渍。其实，曾国藩有一件"新"衣服，那是30年前做京官的时候买的，平时舍不得穿，要遇到重大活动才穿，30年了，还和新的一样。有一次，他还拿出来炫耀，并发表了一通关于新与旧的哲理感慨。

平时吃饭，曾国藩崇尚道家的养生术，以一荤为主。除非家中来客，否则不加荤菜，被南京百姓戏称为"一品宰相"。有一次，扬州盐商宴请总督大人，那是满桌子山珍海味，曾国藩就吃他面前那一个菜。那个时候还没有现在的转盘，吃完以后，他对身边人讲："一食千金，吾不忍食，目不忍睹。"

他在家书中反复告诫子弟："凡世家子弟，衣食起居，无一不与寒士相同，庶可以成大器；若沾染富贵习气，则难望有成。”他坚持家人不能有富贵气息。“富贵常蹈危机”，相反，贫贱常有生机，并提出“莫怕寒村二字，莫怕悭吝二字，莫贪大方二字，莫贪豪爽二字”。

要做到“俭”，必须从“勤”字入手。曾国藩少年时勤读书，成年后勤修身，老年时勤运动。他认为，做到一个“勤”字，便可避免沾染上官宦人家的习气。他的子女不许坐轿，不许使唤丫鬟，不许伸懒腰。他的鞋袜都要由夫人、媳妇、女儿制作。他定期给家中女眷布置“作业”，要求她们给他寄女红手工“作品”，借此规劝、检查、监督。

他认为，盛衰在气象。一个家庭的盛衰从气象上就可以看出来。什么是气象？就是家中一股生气勃勃之象。这种气象怎么养成？就靠他的八字家训——早扫考宝，书蔬鱼猪。他指出，早扫考宝，一人之生气；书蔬鱼猪，一家之生气。只要勤于这八字，就能使一个人、一个家庭养成一股“生气”。

因此，生气＝勤＋俭。他说：“勤者，生动之气；俭者，收敛之气。一放一收，两面兼顾，即可做到惜福远忌。”“勤字工夫，第一贵早起，第二贵有恒；俭字工夫，第一莫着华丽衣服，第二莫多用仆婢雇工。”凡事早点动手，亲自动手，既可做到勤，又可做到俭。这种家教理念，简单、易行、高效。他还反复强调：“积劳之人，非即成名之人；成名之人，非即享福之人。但在积劳二字上着力，成名二字，则不必问及；享福二字，则更不必问矣。”

第三个是“谦”字。如果说前二字事关持家做人，那么，“谦”字更关系修身处世。对于曾国藩这样一个官宦之家的人来说，“谦”字显然尤为重要。

他敏锐地察觉到：“余家后辈子弟，全未见过艰苦模样，眼孔大，口气大，呼奴喝婢，习惯自然，骄傲之气入于膏肓而不自觉。”因此，他格外强调家中子弟不能有傲骄之气。

曾国藩告诫：傲气是败家败身之道。他又提出另一个公式：官气＝惰＋傲。

他在家书中说：“家败离不得个奢字，人败离不得个逸字，讨人嫌离不得个骄字。”“大约军事之败，非傲即惰，二者必居其一；巨室之败，非傲即惰，二者必居其一。”又说，“天下古今之庸人，皆以一惰字致败；天下古今之才人，皆以一傲字致败。”

曾国藩从历史的经验出发，总结出惰与骄是致败之道。天下那些有才的，往往败在一个骄字上，那些没才的，往往败在一个惰字上；军事之败，富家巨室之败，要么败在一个骄字上，要么败在一个惰字上，无一例外。所以，在要求做好“勤”字工夫外，曾国藩进一步提出要做好“谦”字工夫。

他对自己的弟弟说：“凡目能见千里，而不能自见其睫。

声音笑貌之拒人，每苦于不自见，苦于不自知。”意思是说，人的眼睛可以看到千里之外，可是看不到自己的眉毛，也就是说自身的缺点和毛病自己看不到，需要别人的批评和指点为镜。因此，必须保有一颗谦恭、不自是的心，做到自以为非。只有时刻认识到自己身上有缺点有毛病，才能做到戒傲戒惰。

具体如何做好“谦”字工夫，曾国藩还有明确的指示，他说：“谦字存诸中者不可知，其著于外者，约有四端，曰面色，曰言语，曰书函，曰仆从属员。”一个人内心谦不谦，不知道，但从其外面表现的四个方面可以看出他谦不谦，这四个方面便是他的脸色、言语、信函和身边人。如果一个人内心是谦恭的，那么，他的脸色、说话、写信和身边人都会表露出谦恭之色态。

他还指出，“讥评人短，非笑人言”就是不谦的表现；说话太易，举止太轻，同样是不谦的表现。说话频率太快，用词欠稳妥，表态易轻率；走路过急，说话时手的动作过多，眼神游移飘忽，都是心中不谦所致。因而，他提出“戒轻易”，其实就是戒傲。

另外，耍特权也是不谦的表现。曾国藩的小儿子曾纪鸿考秀才，数次不顺，只要曾国藩向湖南地方官员打个招呼，考取是很容易的事。但他不仅自己不打招呼，而且特地写信叮嘱，不许小儿子与州县来往，不可送条子，要求后代不必注重功名，而要讲究真才实学。同治元年（1862年），曾纪鸿参加举人考试，曾国藩提出："今年乡试，鸿儿即可不必入场。盖工夫尚早，年纪太轻。"也就是没有经历磨砺，学问尚不扎实，即便侥幸考上也没有意义。曾国藩甚至告诫小儿子："少年得志乃人生之初不幸。"这对于今天那些急于让子女少年成名的家长来说，不啻一记警钟。

通过以上故事大家应可以受到一定启发，虽年代不一样，但从教育孩子生活、做人细节上，曾国藩的"俭""勤""谦"等家风是很值得我们家长朋友们共同学习的。

附录　那些即将消失的传统节日（1）

彩胜年年逢七日·人日节

关于人日节的来源，《占书》里的说法是："岁正月一日鸡，二日犬，三日豕，四日羊，五日牛，六日马，七日人。"即每一天占卜一种生物，来预测这种生物在新的一年的发展，而人，刚好在第七日，于是后世可能据此慢慢形成了人日节的传统。而在中国民间传说里，说的是某位神仙造人时，前六天分别造出了鸡狗猪羊牛马，第七日造出了人，因此，正月初七是人的生日。

虽然起源尚无明确定论，但可以确定的是，到了魏晋时期，人日节便已成型。

《太平御览》卷三十引南朝梁宗懔《荆楚岁时记》载："正月七日为人日。以七种菜为羹，剪彩为人或镂金箔为人，以贴屏风，亦戴之头鬓。又造华胜以相遗，登高赋诗。"意思是人日节这天，荆楚之地的人们要用七种蔬菜做成菜羹食用，还要用丝绸、金箔等材质，剪为人形的"人胜"，并把这一装饰物贴在屏风上，或是贴在头鬓上。除了人胜以外，当时的人们也会互相赠送剪成花朵形状的"华胜"，文人雅客则在这一天相约登高赋诗。

不过同样是登高，人日节登高与重阳节登高的消极避祸的观念不同，人日节登高更具有积极祝颂祈福的内容。

人日以人为尊，连官府也不能在这一天处决罪犯，家长也不能在这一天教训孩子。传说里若这日天晴，代表人身安适；若阴雨，则疾病瘟疫生。

第二章

元宵邀宾灯火新

上元时节，笙歌流转
待到夜幕降临，葳蕤灯火渐次点亮
春衫少年穿行在熙攘的街市
于火树银花中纵情狂欢
笑语盈盈暗香涌动
浪漫情愫恣意生发
带着对新岁的希冀遍燃花灯
迎来又一个明媚的、温暖的春天

元宵

元宵节，为每年农历正月十五日。正月是农历的元月，古人称“夜”为“宵”，正月十五日是一年中第一个月圆之夜，所以称正月十五为“元宵”。在古代，元宵节是真正意义上的中国的“狂欢节”，这一天晚上，人们相约走上街头，出来游玩，参加赏花灯、吃汤圆、猜灯谜等传统民俗活动。

汉文帝纪念平定“诸吕之乱”

汉朝开国皇帝汉高祖刘邦去世后，吕后的儿子刘盈继承了皇位，彼时刘盈才16岁，羽翼未丰，吕后趁机独揽朝政，企图将刘氏天下变成吕氏天下。

吕后性格残暴，做出了一系列狠毒的事情，最终让性格仁慈的皇帝年纪轻轻便郁郁而终。

几年后吕后病死，吕家人惶惶不可终日，密谋谋取刘氏江山。刘氏家族宗室——齐王刘襄听说后，联系朝中刘氏的忠臣率兵攻打吕家，最后获得胜利，这一历史事件史称“诸吕之乱”。

在刘氏胜利之后，他们不能让皇帝位置空着，好在刘邦有好几个儿子，大臣们商量让刘邦的另一个儿子来当皇帝。新皇帝汉文帝刘恒是个好皇帝，把天下治理得井井有条。

汉文帝知道定下来的江山不易，如果不是把吕家赶走，天下不知道要乱到什么时候，为了纪念平息叛乱，汉文帝把平息“诸吕之乱”的这一天——正月十五定为与民同乐的节日“元宵节”。

到宋代，元宵节已发展成最热闹的世俗狂欢节，“妇女出游街巷，自夜达旦，男女混淆”。这一天，街上游人如织，花灯如星，烟火似梦，古人们通过赏灯、猜灯谜等仪式，共同祈愿新的一年的顺遂与安宁。

一个女人往往能对一个家庭产生影响，有时甚至能影响一个国家，譬如吕后便影响了汉代初期的历史走向。

传统文化认为，女人的贤德与智慧是托起家族的重要基础。昔日有孟母三迁，终将孟子培养成一代圣贤；岳母刺字，成就了岳飞精忠报国的千古美名；郑夫人画荻教子，教育出一代文坛宗师欧阳修……

从人类演化角度来说，母亲是家庭的灵魂，是家庭文化建设的主导者。母亲快乐全家快乐，母亲焦虑全家焦虑。新时代的女性的颜值、言值（好脸色、说正向积极的话）也在很大程度上影响了家族子孙的命运及人生轨迹。

每一个女性都应不断学习成长，在逐渐进步的过程中，影响身边的人去爱自己，爱一个家庭、一个社会、一个国家。

吃元宵

元宵即“汤圆”，由糯米制成，或实心，或带馅。馅有豆沙、白糖、山楂、各类果料等，食用时煮、煎、蒸、炸皆可。它的做法、成分、风味各异，但是吃元宵的意义却相同：它寓意着老百姓对生活团团圆圆和和美美，日子越过越红火的期望。

同做汤圆齐家乐，共享甜香里外亲

虽然现在买现成的汤圆很方便，但如果元宵节时能和家人一起动手做汤圆，孩子在动手的过程中既有参与感，又能感受到浓浓的元宵节节日氛围。

家长带领孩子做汤圆时，孩子们兴奋了可能会乱捏、乱搅动，弄得到处很乱，这时家长要耐心引导，让孩子在体验过程中不断感知探索，生发出不一样的感受及经验。孩子们揉面的揉面，拌馅的拌馅，一切准备就绪后，开始做汤圆。

做汤圆最简单的方法是每一小块糯米粉团捏一个深窝，放入馅料收口搓圆。孩子通过不断尝试，会做出各种形状的汤圆，但一定是他们自己最满意的。做好的汤圆要放在预先已撒好糯米粉的餐盘上，汤圆才不会粘在一起。煮的时候，汤圆最后浮出水面代表已经煮熟。

在我小时候，汤圆煮好后，父母会让我们盛一碗热气腾腾的汤圆给邻居家的王奶奶，奶奶可开心了，总是说："谢谢孩子们，你们这些孩子真随你们妈妈的性格，善良懂事。"

父母不断给我们兄弟姐妹们创造节日环境的体验感教育，让我们在耳濡目染中既传承了传统节日的习俗，又在欢乐的节日氛围中受到良好家风的熏陶。

张灯结彩

自从元宵节张灯之俗形成以后，千百年来都以正月十五张灯观灯为一大盛事。这天晚上，满街挂满灯笼，到处灯光摇曳，游玩观灯的百姓不计其数。大家尽情欢乐，热闹非常。

灯火通明处，家风建设时

灯笼是元宵节当仁不让的主角，想要营造元宵节的节日氛围，那么这段时间的家居布置里一定要有灯笼元素，各种灯笼搭配上暖色调的中国新年元素，诸如中国结、福字、春联等，在创造传统节日氛围的同时，还能为居室增添暖意。

除了布置环境以外，还可以通过有趣的传统花灯制作来和孩子们进行互动。

家长可以提前通过网络熟悉一些简易小花灯的做法，准备好材料——可以充分利用“生活垃圾”，如废弃的饼干盒、塑料瓶、二手纸、包装盒及多余的对联纸等作为制作花灯的材料。这样做既能锻炼孩子的动手能力，又在无形之中为孩子灌输了环保意识。

到元宵节当天，亲子家风建设活动便从手工制作花灯开始。制作过程中，家长和孩子充分发挥各自的聪明才智，互相交流，为完成一个小灯笼的共同目标而努力。

当孩子在父母的带领下做成了带有自己风格的形状各异、材质不同的灯笼之时，即使这些灯笼并没有那么精美，可他们往往能从完成了一个作品的成就感中，体会到劳动的乐趣，并感受元宵节张灯这一传统民俗的魅力。

猜灯谜

灯谜最早是由谜语发展而来的，南宋首都临安每逢元宵节时制谜，猜谜者众多。开始时是好事者把谜语写在纸条上，贴在五光十色的彩灯上供人猜，而后逐渐成为元宵节不可缺少的节目。灯谜既能启迪智慧又迎合了节日气氛，展现了中国古代劳动人民的聪明才智。

趣味猜灯谜，解谜藏温馨

谜语是孩子认识事物、智力启蒙和发挥想象力最好的载体之一，一则好的谜语可以把事物特征描述得惟妙惟肖，让孩子充分联想。猜谜语不仅能提高孩子对事物特点的熟识度，也是一个让孩子体会快乐的过程。

在元宵节前几天，家庭成员便可提前做好规划，在家里或走廊里挂满五颜六色各具形状的谜语卡片，通过应景的环境创设，提升孩子对元宵节猜谜语的兴趣。

我们可以邀请亲戚朋友们一起加入猜灯谜活动中，让整个环境变得更加热闹，更有节日氛围。

活动开始时，家庭成员可以组成三人小组共同设计谜语及安排奖品，孩子们将自己的想象融入设计之中，既有童趣，又颇具年味儿。家族成员猜谜语的过程中，或认真思考，或共同探讨，想出答案时，大家就摘下灯谜卡片，根据卡片背面的标注找到出灯谜的人，如果猜对了，出谜的人就要拿出事先准备好的礼物送给他。

元宵节时，家庭组织猜灯谜活动，不但能增强家庭成员们的动手能力，还能增进相互之间的感情，更能拓展孩子的思维方式，同时为他们的童年留下美好的回忆，可谓一举多得。

宋氏家风

家族成就

宋嘉树培养出了六个名震天下的子女：长女宋霭龄，嫁与手握国民政府财政大权的孔祥熙，善于积财，富甲天下；次女宋庆龄，嫁孙中山；三女宋美龄，嫁蒋介石；长子宋子文，曾任国民政府财政部长、广州中央银行行长、外交部部长、行政院院长； 二子宋子良，曾任中国国货银行总经理、中国建设银行公司总经理和广东财政厅厅长；三子宋子安，曾任广州银行董事会主席。宋氏一家在国民政府时期的政治、经济、外交等领域占有举足轻重的地位。

家规家训

宽容，胸怀即是天地；

独立，闯荡全靠这步；

坚强，挫折等于成长。

家风故事

女子虽柔，亦可成钢

宋嘉树是一位爱国的实业家，也是孙中山的好友。同时，他还是一位教子有方的好父亲，是中国近现代最早意识到家庭教育功能缺失的有识之士之一。

培养优秀的孩子就等于培养中国的未来。这就是宋嘉树的育儿救国论。宋嘉树的思想及爱国情怀的力量深深地影响到子女。

宋嘉树夫妇共养育了六个子女。他们的三个女儿——宋霭龄、宋庆龄、宋美龄，分别嫁给了孔祥熙、孙中山和蒋介石，借这三段重大联姻，宋嘉树成为我国近代史上政界、金融界、经济界的风云人物，宋家也从买办家庭变为权力家族，从“上海宋家”跃升为闻名于世的“宋氏家族”。

宋嘉树原名韩教准，因过继给自己二婶的弟弟而改名为宋高升，后改为宋嘉树。

在男权主义观念十分浓厚的19世纪末，宋嘉树敢于蔑视男尊女卑的世俗偏见，认为男女都一样，女人不要依附男人，身为女人不应妨碍自己成为国家有成就、有作为的公民。他信仰老子“无为而治”的思想，认为“三从四德”是对民主教育的反叛，因此竭力抵制，并为三个女儿提供了与男子一样多的学习机会和条件。在宋氏三姐妹六七岁时，他就先后把她们送到美国教会办的“中西女塾”学习，并寄宿于学校，从小培养其独立生活的能力。后来他又把三姐妹全送到美国求学，使她们接受西方现代科技文明和价值观念的教育，培养她们的个人奋斗精神，教育她们要自信、自立、自强。正是因为这样，宋氏三姐妹才如此卓然出众，成为中国近现代史上的风云人物。

宋嘉树对压抑个性、以循规蹈矩为贤明和以唯唯诺诺为老成的陈腐封建教育深恶痛绝，他认为这种教育会使一个伟大的民族一天天地沉沦下去。当他看到中国家庭教育与西方家庭教育的巨大差距时，就立志要把子女培养成林肯、华盛顿式的伟大人物。他曾这样说过：“只要一百个孩子有一个能成为超人式的伟大人才，中国就有四百万超人，还怕不能得救？现在中国大多数家庭还不能全心全意培养子女，我要敢于为天下先。”而“敢于为天下先”也成为宋氏家族的家训。宋嘉树的几个子女正是在这种家训的培养之下，才成为当时名震中华的才子佳人。

他专门制订了一套教育孩子的方案，并为实现这个方案倾注了大量的心血。

在充分发展孩子天性的过程中，宋嘉树训练他们成为斯巴达男士。在孩子还蹒跚学步的时候，就鼓励他们尽情地玩耍。

稍大一点就进行“沐于大麓，烈风雷雨而不迷”的意志训练。选择一个风狂雨骤的日子，带领着孩子在雨中接受狂风暴雨的洗礼，还经常带孩子到野外去徒步旅行。他有时还和孩子一起禁食，以期孩子们能学会忍饥挨饿求生的本领。他让孩子学会自控和忍耐，培养孩子坚强的性格。他对孩子要求很严，反对无节制地满足孩子的欲望，主张培养孩子的自制能力。他强调如果要想把孩子培养成一个伟大的人物，就应当有比钢铁更坚强的意志。

宋嘉树认为在孩子长知识开眼界的时候吹掉一个花蕾，会少结一个果实。

宋嘉树非常爱孩子，但他的“爱”不是“溺爱”，他认为爱孩子不可以把他们当作珍珠、玛瑙那样去爱，爱孩子就要为孩子的未来负责，必须从小培养孩子自立自强的精神。孩子还在学步阶段，宋嘉树就鼓励他们：“一步两步三步，好！跌倒了别哭，自己爬起来再走，好！一二一，一二……”孩子们果然不哭，果然跌倒了爬起来再走。朋友们说他是“开孩子们的玩笑”，宋嘉树则回答：“老兄，你错了，这不是玩笑，这是人生之路的第一步，将来在社会上闯世界，全靠这第一步啊！”

有坚强的意志力一定意义上就是摆脱对他人的依赖，相信自己的力量。因此父母有意识地让孩子受点“苦和累”，受点挫折是有益的。让孩子从小品尝一点生活的磨难，从小懂得人生的道路是坎坷的，从小学会自己主宰自己，就是为了使孩子今后不成为自身软弱的奴隶，学会从挫折中接受教育。当孩子产生自卑、畏缩、懦弱等情绪的时候，作为父母，应该寻找机会以各种形式鼓励孩子，增强孩子的意志力。

要培养孩子坚强的意志力，父母应利用生活中的一些自然情景，让孩子有勇气面对困难，积极克服困难，这才是真正有效的挫折教育。

宋氏三姐妹在那个年代能有这么大的影响力，足见一个家庭父母给孩子的精神传承，可以影响孩子的世界观、人生观、价值观，甚至于国家的发展。我们也应当思考，当下的我们又能为子孙留下什么精神财富呢？

附录　那些即将消失的传统节日（2）

二月二日新雨晴·龙抬头

很多人对“龙抬头”三个字的理解是 “这一天可以剃头了，剃头之后精神地抬头走路”，确实在旧俗里，二月初二儿童理发，叫剃“喜头”，借龙抬头之吉时，保佑孩童健康成长，长大后出人头地；大人理发，辞旧迎新，希望带来好运，新的一年顺顺利利。

不过“龙抬头”绝不只和剃头有关。

“龙抬头”其实指的是二十八宿中的东方苍龙七宿星象。每岁仲春卯月（斗指正东）之初，“龙角星”就从东方地平线上升起，故称“龙抬头”。龙抬头日在仲春卯月初，不过，二月二这一天，龙星并不会整个升上天空。先是象征龙角的角宿，在傍晚闪耀着蓝色光芒，从地平线上显现；接着是亢宿，即龙的咽喉升出；到了子夜时分，氐宿，即龙爪也出现了，而整个龙身还隐没在地平线以下。这就是“龙抬头”的过程。

“二月二，龙抬头，大家小户使耕牛。”在农耕文化中，“龙抬头”标志着阳气生发，雨水增多，万物生机盎然，春耕由此开始。人们将龙抬头日作为一个祈求风调雨顺、驱邪攘灾、纳祥转运的日子。时至今日，仍有一些地方的人们会在这一天敬龙祈雨，让老天保佑在新的一年能够丰收。

第三章

清明时节雨纷纷

越过三月初初萌芽的春
未及五月微微蒸腾的燥
气清景明，万物皆显，正是清明好时节
仿佛只需轻轻一瞥
便与江南烟雨中的白墙黑瓦相遇
于绿原野郊之间
放飞斑斓的纸鸢和四月的风
在朦胧雾霭里
将对远去先人的思念，慢慢诉说

清明

清明节，又称踏青节、行清节、三月节、祭祖节等，节期在仲春与暮春之交。清明节源自上古时代的祖先信仰与春祭礼俗，兼具自然与人文两大内涵，既是自然节气点，也是传统节日。

介子推割肉啖君

春秋时期，晋公子重耳为逃避迫害而流亡国外，流亡至一处渺无人烟的地方时又累又饿，再也无力站起来。随臣找了半天也找不到一点吃的。正在大家万分焦急时，随臣介子推走到僻静处，从自己的大腿上割下了一块肉，煮了一碗肉汤给重耳吃。重耳渐渐恢复了精神。当重耳发现肉是介子推从自己腿上割下的时候，感动得流下了眼泪，称若能称王，必重赏介子推。

十九年后，重耳做了国君，也就是历史上的晋文公。他重赏了当初伴随他流亡的功臣，唯独忘了介子推。很多人为介子推鸣不平，劝他面君讨赏，然而介子推最鄙视那些争功讨赏的人。他打好行装，同母亲一起悄悄地到绵山隐居去了。

晋文公听说后，羞愧莫及，亲自带人去请介子推，然而介子推已离家去了绵山。绵山山高路险，树木茂密，找寻两个人谈何容易。有人献计，从三面火烧绵山，逼出介子推。大火烧遍绵山，却没见介子推的身影，火熄后，人们才发现背着老母亲的介子推已坐在一棵老柳树下死了。晋文公见状，恸哭不已。装殓时，从树洞里发现一血书，上面写道："割肉奉君尽丹心，但愿主公常清明。"为纪念介子推，晋文公下令将这一天定为寒食节，此日全境禁火寒食，以感念介子推忠义之恩。

第二年寒食节次日，晋文公率众臣登山祭奠，发现老柳树死而复活，他忆起介子推的清明之志，便赐名老柳树为"清明柳"，并晓谕天下，把这一天定为清明节。

家风解读

重耳逃亡途中因饥饿乏力晕倒，追随他的介子推为保其性命，挥刀从自己腿上割肉煮汤给他充饥。重耳成为君主后，介子推施恩不图报，未得赏赐也不主动争功讨赏，而是隐居深山，即将被烧死时，也未心存怨念，只愿“主公常清明”，拳拳忠义之心令人赞叹，诉诸当下，则应以此明爱国之义。而重耳知错能改，本为补偿介子推但阴差阳错害死了他后，设立寒食节追悔，根据介子推遗言又设立清明节不忘其告诫。这个故事也在提醒人们，在追思中要学会感恩。知恩图报的感恩传统，既是中华民族的文化基因，也是万千家庭的谆谆家风。

踏青

踏青古时叫探春、寻春，即为春日郊游，也称“踏春”。一般指初春时到郊外散步游玩。清明节气在时间和气象物候特点上为清明踏青习俗的形成提供了重要条件。清明时节，春回大地，自然界到处呈现一派生机勃勃的景象，正是郊游的大好时光。人们于是因利趁便，扫墓之余，一家老少也顺便在山乡野间适当游乐。

赏春光，喜收获

清明时节，万物复苏，到处生机勃勃。除了祭祖以外，长辈可组织家族成员一起踏青，让孩子们在踏青中感受初春时节当地特有的景物，也可以策划一些专门的主题踏青活动。

今年清明我们家族组织了踏青活动——到茶园采茶、到竹园挖笋。

福建闽南茶文化历史悠久，但我平时也只知道泡茶喝喝，对采茶和制茶的过程不甚了解。这次带领家人参与采茶、制茶的过程，就是让孩子锻炼下，在采茶、制茶中体会劳作的辛苦，感受收获的快乐。到了茶园后，孩子们拿上小茶篓就上山采茶去了，我在边上看着他们采那些嫩芽——茶树上主要是深绿色的叶子，在分支顶端上遍布着那些淡淡的微微发黄的绿色，就是要采摘的嫩芽。大概采摘了40分钟，我带着孩子们前往茶厂开始制茶。制茶过程分3步，分别是杀青、揉捻和烘焙，其中烘焙这个过程，孩子们还去试了下，最后每人可以拿到了一包自己制作的茶叶。收获到自己的劳动成果，孩子们可兴奋了。

休息了一会儿，我们便前往竹园挖笋。清明正是春笋盛产的时节，这时的春笋非常嫩。虽然在菜市场看过春笋长什么模样，也吃到过油焖春笋、春笋烧肉，但对于我们而言，还是第一次看到春笋的成长环境。竹园的春笋和菜市场的春笋还是有点区别的，最明显的就是这边的笋个头更大。好多笋已经破土而出，在当地农民的讲解下，大家便拿上工具开始挖笋了。孩子们很快就找到一颗笋开始有模有样地挖起来，家族成员齐心协力，共同合作后，第一颗春笋出土了，孩子们喜滋滋地拿起笋。不到一盏茶工夫，就挖出七八颗笋，孩子们别提多开心了。

这次踏青活动，大家收获满满。家族成员一致倡议下次清明节继续开展类似的踏青活动。读者朋友也可以根据当地情况，策划相应的踏青活动。

植树

清明前后，春阳照临，春雨飞洒，种植树苗成活率高，成长快。因此，就有清明植树的习惯，有人还把清明节叫作“植树节”。清明植树的风俗一直流传至今。

体验自然，认识生命

清明植树是传统节俗中一个很有生命教育价值的自然体验，是家长对孩子进行关于爱的教育、生命的教育的良好契机。

植树活动中，家长可以引导孩子去触摸树木草堆，体验生命的生机勃勃，在亲近自然时，全面调动自身的视、听、嗅、味、触觉，去感受、去认知。这对孩子的平衡能力、身体协调性、触觉灵敏度和深度感知能力都非常有益。有时候孩子的很多认知只限于大人对他的教育结果，如：孩子们是怎么认知小草的？——“野火烧不尽，春风吹又生”，小学课本教育了一代又一代人。孩子有了亲身体验后，对小草会有更加丰富多样的认知。

参与种植树木、养护小生命的过程，会加强孩子对大自然的认识及保护意识。孩子对生命和自然的爱会增强并植根于心中，形成一种相互同情、相互依赖的情感和责任感。在这种情感和责任感的支配下，孩子会逐渐跟自然融合为一体，从而更好地理解生命存在的意义。

孩子们也会通过体验进一步了解自然的奥妙，了解世界万物生生不息的联系。一个热爱自然的孩子，充满灵性，对城市的物欲有着自然的防御能力，他们懂得如何享受单纯的幸福。

放风筝

放风筝是清明时节人们所喜爱的活动。古时候，每逢清明时节，人们不仅白天放风筝，夜间也放风筝。而且，晚上放风筝时，会在风筝下或拉线上挂上一串串彩色的小灯笼，像闪烁的明星，被称为“神灯”。古人把风筝放上天后，还会剪断牵线，任凭清风把它们送往天涯海角，希望能除病消灾，给自己带来好运。

放飞风筝，放飞爱与希望

我小时候，一到春天就会跑到集市上买一个手艺人手工制作的画着鲜艳图案的风筝，再买上一轴线，约上三两个小伙伴，跑到村头的田野里，边跑边放风筝。

那时候，刚开春的地里还有稻草堆，风筝飞起来后，我们就倚靠着稻草堆坐下，时不时松一松或紧一紧手里的线轴。等风筝彻底稳定后，我们就找块砖头把线轴压到地上，然后在地里拨出一个洞，开始玩过家家。

放风筝是一项有趣的活动，广受孩子们喜爱。清明节也是一个家人、家族难得会聚的节日。放风筝作为清明节俗之一，一家人投入其中，不仅能增进亲子关系，也能强身健体，还能体悟家庭教育的规律。

家长可以和孩子一起制作风筝，用颜料给风筝上色，动手创作各种图案。放风筝时，家长可以教孩子放风筝，帮孩子捡风筝，一家人一起享受放风筝带来的乐趣。

放风筝活动不仅有趣，还可以强身健体。放风筝时，孩子们可以极目远眺风筝的千姿百态，有利于调节眼部肌肉和神经，消除眼睛疲劳，达到保护和增强视力的效果。

放风筝的技巧也蕴含着家庭教育的规律。风筝看似是在天空自由飞翔，其实被看似无形却有形的细线掌控着，如果没有线，它飞不起来；如果线太短，它飞不高，甚至可能会崩断；如果线太长，它会到处乱飞，失去方向，甚至掉下来。教育孩子就如同放风筝，你管得太严，会激起他的逆反心理；你一贯放纵，会让他失去方向。所以家长要认真体会和掌控“管与放”的力度。而家长也可在放风筝的过程中让孩子明白，他们就像一只只风筝，老师与家长就是牵着风筝线的人。不管风筝飞得多么高多么远，都会有一双双期盼的眼睛关注它，有一颗颗关爱的心牵挂它。

这样，孩子和家长不仅放飞了风筝，更是放飞了春天的梦想与希望。

扫墓祭祖

扫墓祭祖，是清明节俗的中心。清明之祭主要祭祀祖先，表达祭祀者的孝道和对先人的思念之情，是礼敬祖先、慎终追远的一种文化传统。

行祭祖之仪，传孝道孝行

所谓“鸦有反哺之义，羊有跪乳之恩”，“孝”作为伦理道德之本、行为规范，是我们传统文化的核心内容之一。祭祖，则是家族传承孝道之家风的集中体现。

自我懂事以来，不管在娘家还是现在的夫家，每逢清明，出门在外的亲人便会赶回老家，与家族中父母、伯伯、叔叔、婶婶、哥嫂，带上孩子们，准备好贡品、香纸、鞭炮等物品上山祭拜。家族长辈打小已给我们留下这样的习俗及仪式，祖辈共同心性的结果已经延续给我们，我们已经入脑、入心，把清明祭祖视为重要的事情。

当我们跟随家族长辈祭拜祖先之时，除追思缅怀祖先之外，我们也要从长辈那种虔诚笃定、不厌其烦的祭祀动作中感受到那份孝心，并把这孝道的家风延续下去——趁着父母健在，我们要抓紧行孝、敬老尊老，而且要让儿孙辈从自己的孝行中感受、学习孝之家风。唯有如此，清明扫墓之传统方能保存，孝道孝行之家风方能延续。

拔河

拔河早期叫“牵钩”“钩强”，唐朝始称“拔河”。据说它发源于春秋后期，一开始盛行于军中，后来流传于民间。唐玄宗时曾在清明时举行大规模的拔河比赛，从那时起，拔河成为清明习俗的一部分。据说，在时值春耕春种的清明时节举行拔河，具有祈求丰收的意味，历代帝王非常重视。

家意浓浓拔河乐

拔河是受人们广泛喜爱的活动。在清明节这个家族成员聚集的日子，组织拔河这样的团体活动，能够活跃节日文化生活，营造宽松、愉快、和谐的节日氛围。

今年清明，我们家族组织家族老少一家乐，举行了一场“家意浓浓”的拔河比赛——

两边队员老少均衡搭配，表示“开始”的哨声响起，家族成员们的小宇宙一触即发，纷纷使出洪荒之力，钳住绳子拉向身后。看！他们个个都是满头大汗，铆足力气，那泛红的脸颊，被汗水濡湿的衣服……

此次拔河比赛充分调动了家族成员参与体育锻炼的积极性，大家齐心协力、拼尽全力的这个过程，不仅锻炼了家人们的坚强意志，也加深了亲人之间的情谊，使得大家变得更为团结，从而进一步激发了家族的集体荣誉感和团队精神，家族成员的凝聚力和战斗力也得到了巩固提高。活动营造的“一根绳，一家人，一条心”的温馨感，给节日氛围提了神、加了味儿。

“江南第一家”郑义门家风

家族成就

浦江郑氏家族以孝义治家，自南宋至明代中叶，十五世（360 余年）同居共食，时称义门郑氏，故“郑义门”。数百年间家族中人 173 人为官，无一贪渎，其以清廉家风扬名于世。郑氏屡受朝廷旌表，明洪武十八年（1385 年）太祖朱元璋亲赐封“江南第一家”。其 168 条家规经宋濂整理带至南京，成为明代典章制诰的蓝本，史上鲜见。

家规家训

郑氏家族的孝义文化、廉政文化、制度文化等家族传统文化和修身养性、积善积德、尊师重教、廉洁自律、勤俭持家、睦邻友好、优待孤寡等家风文化至今仍有具有显著的价值。郑氏家族家规历经几代人创制、修订、增删，最终定格为 168 条，统称为《郑氏规范》。《郑氏规范》以朱熹《家礼》为蓝本，从祖宗祭祀、婚姻嫁娶礼仪、家庭管理、家长职权到社交和睦邻关系等，都做了详细规定，它甚至将大家庭的管理成员，分为 18 种职务 26 人，形成一个网络式的多层结构，堪称世上最齐全的家庭管理规范。

1. 重教育。郑氏一族形成了“耕则良农，学则良儒”的良好风尚，是典型的耕读人家。

2. 善治家。《郑氏规范》汇集了重孝敬、厚人伦的治家理念。郑氏一族因而也以孝顺、团结、和睦的美好风尚流传后世。

3. 尚节俭。从宋元到明清，郑氏一族有 173 人为官，官位最高者为礼部尚书。令人惊叹的是，郑氏子孙没有一个因贪墨而罢官，为世人所称道。

4. 睦乡邻。一个庞大家族的秩序由此严丝合缝地建立起来。正是这种智慧，指引着郑义门在历史长河中前行，“江南第一家”不留物质财富却代代兴盛。

郑义门义举传承

据《宋史·孝友传记》记载，郑氏家族的合族同居始祖郑绮是当时远近闻名的大孝子，他的母亲体弱多病，后患“风挛”，瘫痪在床30多年。母病期间，郑绮躬身床前，细心服侍，“抱持以就便溲30余载”，从未有过一句怨言，对母亲毕恭毕敬，体贴入微。有一年遭遇大旱，村周围的溪流都干涸无水，而郑绮的母亲却十分想喝村前甘甜的泉水。为了满足母亲的心愿，郑绮跑遍了各条溪却找不见一滴水。无奈之下，他只好在溪边挖掘泉水，但是“挖数仞不得泉”。着急之下，郑绮跪在溪边号啕大哭了三天三夜，哭声悲戚，令人动容。他的孝心终于感动了上苍，一股清冽的泉水从他膝下涌出。时人认为这是郑绮的孝心感动了天地，于是就把这股泉眼命名为“孝感泉”。郑氏后人为了纪念老祖宗的孝义之举，便在泉上立碑建亭，就有了现在的“孝感泉”。

北宋靖康年间（1126—1127年），因为天灾人祸，流离失所的饥民甚众，郑绮之祖郑淮卖田千余亩救济贫民。

元代至元年间（1335—1340年），民多饥乏，郑德璋开仓与乡里共食，全活甚众。

元末郑钦主持家政时，创设各种慈善设施，有“续食之粟、御冻之衣、推仁之财、免利之谷、庇穷之屋、广孝之阡”等各种项目以济贫困。所谓“免利之谷”，就是每年在秋收谷价便宜时预购五百石粮食储存在仓库中，到谷价上升的缺粮时节，按照原价将其出售给贫困之家。郑钦创设的各项慈善设施，郑氏后人都继承下来了。

附录　那些即将消失的传统节日（3）

初语燕雏知社日·社日节

中国古代是以农业立国的国家，非常重视土地，认为土地神掌管着五谷的生长和地方的平安，所以土地神是人们广为敬奉的神灵之一。“江山社稷”“社稷之忧”“ 社稷之危”这些耳熟能详的成语中的“社稷”便是土神和谷神的总称，“社”为土地神，“稷”为谷神，土地神和谷神是以农为本的中华民族最重要的原始崇拜物。

相传土地神是共工的儿子句龙，在上古时期共工氏族是世代的水正，发洪水的时候，句龙就让人们到高地土丘上去住，没有高地就挖土堆丘，土丘的规模是每丘住25户，称之为“社”，句龙死后，被奉为土神，也叫社神。

祭祀社神的节日，就是社日。立春后的第五个戊日，一般在农历二月初二前后。

不过在最早起源的朝代周朝，你可能想象不到社日还有一个重要作用，那就是男女约会。

《周礼·地官·媒氏》曰：“仲春之月，令会男女。于是时也，奔者不禁。”男女私下幽会，不仅不被禁止，反而受到官方的鼓励。周代的社会风气，不同于我们对古时人们保守的刻板印象，比我们想象的要开放得多。

每到社日之时，大家都悄悄去桑林幽会。为什么大家都喜欢在桑林幽会呢？还是与社神有关。古制，祭社之处要立社坛，而社坛周围必定要种植大片桑林。因为社坛代表大地，属阴，而扶桑树是太阳的象征，代表阳性。以桑为社木，象征着阴阳交合，万物繁衍，生生不息。

单身男女在桑林幽会，社日也可算是中国最早的“情人节”了。

雄黄

第四章

高咏楚词酬午日

端午与屈原相关
为防夫子之身为鱼所食
人们以粽叶裹飘香糯米投于江河，又划龙舟加以驱赶
种种端午节俗，似乎只为悼念
千年前那一人、那一声千古长叹、那一次纵身而跃
端午节也不全与屈原相关
于蝉鸣仲夏，将祛五毒之艾草
插于门前，或制成香囊随身佩戴
轻摇蒲扇，织物摩擦间，露出腕间五色丝线
铺上竹席午休前，与家人互道『端午安康』
便是人间难得好时节

端午

端午节，节期在农历五月初五。端午节源自天象崇拜，由上古时代祭龙演变而来。仲夏端午，苍龙七宿飞升至正南中天，是龙飞天的日子，即如《易经·乾卦》第五爻的爻辞曰：“飞龙在天”。端午节的起源涵盖了古老星象文化、人文哲学等方面内容，蕴含着深邃丰厚的文化内涵。

屈原沉江明志

相传战国时期，楚国自从被秦国打败以后一直受秦国欺负。秦昭襄王即位后给楚怀王写信，请他到武关（在今陕西丹凤县东南）相会，当面订立盟约。

楚怀王接到秦昭襄王的信之后，跟大臣们商量到底去不去秦国。大夫屈原对楚怀王说：“秦国强暴得像豺狼一样，咱们受秦国的欺负不止一次了。大王一去，准中他们的圈套。（秦，虎狼之国，不可信，不如无行）”可是楚怀王的儿子公子子兰却一个劲儿劝楚怀王去，说：“咱们因为与秦国为敌，死了好多人，还丢了土地，如今秦国愿意跟咱们和好，怎么能推辞人家呢？”

楚怀王听了公子子兰的话，就到秦国去了。

果然不出屈原所料，楚怀王刚踏进秦国的武关，立刻被秦国扣留。秦昭襄王逼迫楚怀王把黔中的土地割让给秦国，楚怀王没答应。秦昭襄王就把楚怀王押至咸阳软禁起来，要楚国大臣拿土地来赎。

楚国的大臣们听到国君被押，把太子横立为新的国君，拒绝割让土地。这个国君就是楚顷襄王。

楚怀王在秦国被押了一年多，忧郁成疾，命丧咸阳。

屈原气愤于楚怀王在秦国受辱，他劝楚顷襄王搜罗人才，远离小人，鼓励将士，操练兵马，为国家和怀王报仇雪耻。可是他这种劝告招来了当上了令尹的公子子兰等人的仇视。他们天天在楚顷襄王面前说屈原的坏话。

楚顷襄王听信谗言，把屈原革职放逐。屈原在被流放的十几年中，创造了大量优秀的文学作品如《九章》，一抒自己的爱国之心。可在白起攻破楚都郢都后，屈原极度苦闷、绝望，在五月初五这天，屈原来到汨罗江边，一边怀念楚怀王对自己的赏识，一边念《离骚》上的诗句，沉江自杀。

汨罗江边老百姓听说屈原跳江，赶紧划船顺着水流找他，找遍洞庭湖都没有找到。人们意识到屈原可能沉到湖底，纷纷用芦苇叶包住米饭扔到湖里给鱼吃，希望鱼吃饱了不糟蹋屈原的身体。

到了第二年五月初五那一天，当地的百姓想起这是屈原投江一周年的日子，又划了船把盛着米饭的竹筒子撒到水里去祭祀他。后来，他们把盛着米饭的竹筒子改为粽子，划小船改为赛龙船。这种纪念屈原的活动渐渐成为端午风俗。

有一个人的名字，永远镌刻在端午节的节日文化之中。在他出世之前，端午更多和自然符号联系在一起——既是百虫横行的“毒日”，也是飞龙在天的“吉日”；在他沉江之后，端午化身为一座墓碑，祭奠着一个忧国忧民却遭小人攻讦郁郁而死的幽魂，这个人就是屈原。带着“哀民生之多艰”的不甘沉江的屈原，留下了两大文化遗产：爱国主义、求索精神。他的一生是为追求国富民强“虽九死其犹未悔”的一生，是不懈追求真理“举世皆浊我独清”的一生。他对国家的热爱，对真理的探索，他在汨罗江边纵身一跃时高唱着不被贵族理解的楚辞，时至今日依旧能穿越时空，成为振聋发聩的传世绝响。

吃粽子

粽子是中国历史上迄今为止文化积淀最深厚的传统食品之一。端午节吃粽子传说是为祭奠五月初五投江的屈原。每年五月初五，中国百姓家家都要浸糯米、洗粽叶、包粽子。吃粽子的风俗，千百年来不仅在中国盛行不衰，而且流传到朝鲜、日本及东南亚诸国。

粽香飘十里，心怀家国情

小时候到了端午节，乡里乡亲都会包粽子，在帮忙包粽子时的口耳相传中，我知道了屈原的故事。端午为纪念屈原而流传至今，在新的时代，我们应让端午在家国情怀和家风文明中更加深入人心，赋予其新的时代内涵。

在我家，每到端午节，全家老少就会围在桌边一起包粽子。妈妈最喜欢包红豆粽，爸爸最喜欢包肉粽。包粽子是个技术活，如果没有经验是有一定难度的。孩子们一边包一边掉馅，妈妈一边鼓励孩子们，一边耐心地教。

妈妈坚持要让孩子们学会包粽子，她希望端午节包粽子的传统习俗和屈原的家国情怀都能被孩子们代代传承。“长太息以掩涕兮，哀民生之多艰”“路漫漫其修远兮，吾将上下而求索”“举世皆浊我独清，众人皆醉我独醒”，在包粽子时与孩子一起诵读屈原的爱国诗篇，让孩子感受屈子的家国情怀。

父母给子女留下的最好财富应是树德育人及良好的传统文化精神，这才是父母对子女的真正的爱、对家庭和社会应尽的责。这样的家，才会有最长远的平安、幸福、祥和。

赛龙舟

龙舟竞渡之俗，广泛流行于我国长江中下游地区及西南各少数民族地区。千百年来，赛龙舟已成为民间一项规模宏大的民俗游艺活动。虽然古时赛龙舟不一定在端午时举行，如今却大都在每年的端午节前后进行，从这一点也可看到，赛龙舟源于救屈原一说在群众中有更大的影响。

观龙舟、做龙舟，齐拼搏、共努力

赛龙舟是端午节的一大盛事，有条件的家长可以参与龙舟赛或带领孩子看赛龙舟，去听锣鼓喧天，去看万旗猎猎，去见证想在龙舟赛上拔得头筹获得一年好运的壮汉们奋勇拼搏，一往无前的英姿，去为他们呐喊助威。

亲身体验和所处的环境能有效地教化孩子。孩子在龙舟竞渡的紧张感中，能感受到一个个团队为一个目标共同协作，力争上游的精神面貌，这能有效引导孩子团结向上、顽强拼搏，形成良好的竞技意识。

没有条件的家长可以教孩子制作属于自己的“小龙舟”手工作品。

准备材料：纸盒、彩纸、彩笔、剪刀、胶水等。

制作步骤：1. 将盒子剪去一面，在里面放上泡沫，然后贴上贴纸使其更美观。2. 将纸盒剪成船的形状，中间有点凹陷，然后在纸盒边上打上船桨的孔。3. 画出龙头和龙尾，接着上色。4. 给船身涂色，将龙头和龙尾粘贴到纸盒上，然后将两边龙头、龙尾相粘，这样形象更加生动，当然这个粘贴的过程还有点小技巧，要贴牢固了。5. 粘贴上小盖子，主要为了放橡皮泥制成的划船人，同时有支撑作用，采用橡皮泥就是为了形象更加生动漂亮。6. 将船桨插入船身，一条漂亮的小龙舟就做成了。

在教孩子制作小龙舟的过程中，可以引导孩子与人协作，这也能加强孩子对端午节赛龙舟这一活动所传承价值及意义的了解。

挂蒲艾、佩香囊

民间的老百姓认为五月初五为毒月毒日，是“五毒”（蛇、蜈蚣、蝎子、壁虎、蟾蜍）出没之时，想了不少办法来应对。避“五毒”也是过端午节的初衷，此时正值初夏季节，家家户户悬挂艾叶与菖蒲在门前，成为代代相传的一大习俗并一直流传至今。

既闻艾香起，便觉端午至

民谚说：“清明插柳，端午插艾。”农历五月初五被过去的百姓视为“恶月恶日”，百虫横行。蒲艾会产生奇特的芳香，可驱蚊蝇虫蚁，净化空气。所以，每当这一天到来，家家户户都会摘艾草或买艾草，洒扫庭除后把艾条插于门楣，悬于堂中。

我的父母已退休，但对传统节日仪式感特别注重。现在一到端午，妈妈就让我带上孩子们一起去摘蒲艾并讲端午节的故事，摘完洗一洗让孩子们帮忙挂在门楣上，晚上还会用艾草煮水泡脚。

余下来的艾草，妈妈会将它制成香囊。在所有端午习俗中，最富静态美和温馨气息的莫过于制作和佩戴香囊。和孩子一起制作端午香囊，除了能提神醒脑，更能营造端午节日氛围。

制作香囊需要准备的材料有：剪刀、绣线、烫金布、艾草、尺子、针插、麻绳。

1. 在布块上画出需要大小的长方形（宽：长＝1：2）后剪下来。（见图①）

2. 将图片展示的虚线部分缝合后，将两红点处对折重叠，缝合一半，留一半的开口用来翻布。（见图②）

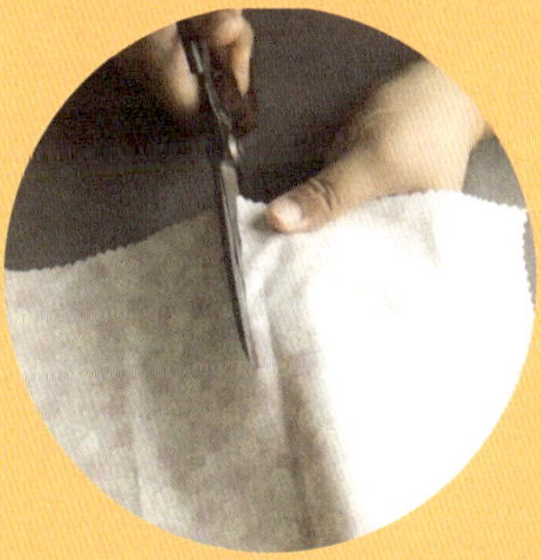

①

②

3. 用指尖把布的一个角从预留的口内顶出来，全部拉出后调整出金字塔的形状，并整理翻口 。（见图③④）

4. 从留好的布口用准备好的艾草将布包填满，塞实一些，捏出来的形状就会好看一些。（见图⑤）

5. 把准备好的绳子对折后打一个结，将绳结藏在艾草包的顶点里，缝合即可。（见图⑥⑦⑧）

跟着我的步骤做，孩子们很容易学会。

孩子们看到、听到、感受、参与到传统节日的仪式和活动中，在过程中体验到好感和熟悉感，就会形成自动反应，自然而然将这些仪式和活动很好地传承下去。

端午的艾草香囊，既是一种文化，也是一种情愫，这时的艾草最是浓香郁鼻，端午时节，和家人亲手制作一些艾草香囊，挂一只香囊在身侧，晚上再用蒲艾水洗身，褪去久积的疲惫，才像是过了个端午。

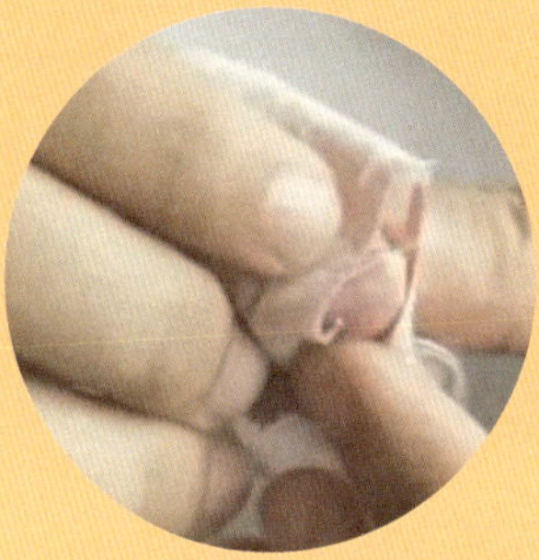

③

④

⑤

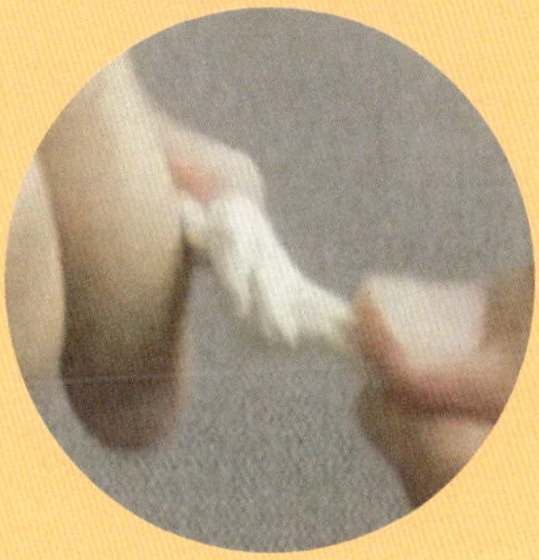

⑥

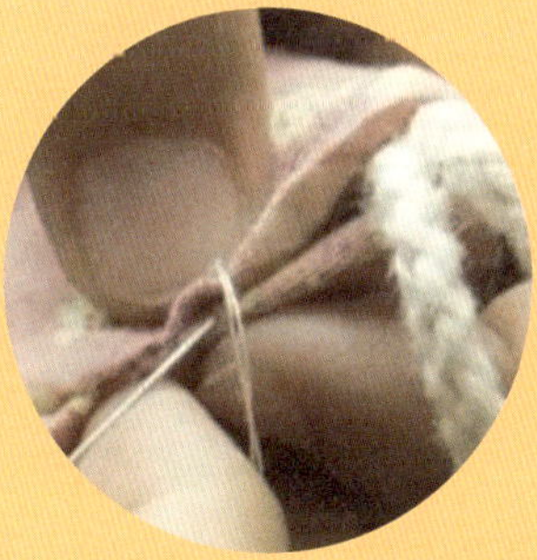

⑦

⑧

梁启超家族家风

家族成就

梁启超是中国近代思想家、政治家、教育家、史学家、文学家，同时是一等一的教子高手。

他有九个子女：长子梁思成、次子梁思永为国民政府时期“中央研究院”院士，五子梁思礼为中国科学院院士，三子梁思忠是毕业于西点军校的国民党军官，四子梁思达是毕业于南开大学的经济研究者，长女梁思顺为诗词研究专家，次女梁思庄为著名图书馆学家，三女梁思懿为社会活动家，四女梁思宁是新四军早期革命者。可谓“一门三院士，九子皆才俊”。

家规家训

梁启超家族家风主要体现在以下几个方面：

1. 梁启超用曾国藩名言教育孩子，“莫问收获，但问耕耘”，意在说明，做事不能只想着回报、酬劳，更要想着把事情做好，耕耘好自己的一片天地，自然会有好的结果。

2. 梁启超反对填鸭式教育，他在书信中说得最多的是安慰、劝解的话，很少给孩子们提出什么具体的学习目标。

3. 梁启超教育孩子最大的一个特点就是与孩子做朋友。

4. 做家长要有趣味，养出的孩子才能有趣味。

5. 梁启超说，有两种孩子气，一种是任性，要小孩子脾气，另一种就是我们说的童心童趣。

6. 尽责尽力，就是第一等人物。

7. 对于功课绝不责备。

8. 梁启超认为，教育孩子树立通达、强健的人生观，比教育他们学具体的知识更为重要。这种通达、强健的人生观能让孩子在逆境中保持乐观的态度，帮助他们战胜困难。

家风故事

梁启超教育子女

在向名人学习家风的过程中，我认为梁启超先生教育子女的方式是非常值得后人学习的。

综观梁氏家教，其荦荦大者包括以下方面：

其一，梁启超洋溢着深沉的父爱，践行了“没有爱就没有教育”的原则。他虽一生奔忙于国事，日理万机，却在忙碌的同时，为儿女们的成长倾注了大量心血。他自称是“最富于感情的人”，而对于孩子们的感情“十二分热烈”。他重视与子女沟通，写给海外留学子女的数百封家书充满了无微不至的关怀，大到人生道路、婚姻家庭，小到衣食消费、作息养身，均耐心开导，润物无声。他是儿女们的良师益友，但又如信中所说：“爹爹虽然是挚爱你们，却从不肯姑息溺爱，常常盼望你们在困苦危险中把人格能磨炼出来。”因而，他一旦发现子女有学习、生活上的问题，就及时引导、帮助。

其二，梁启超尊重儿女的个性和专业爱好，为之提供了自由发展的空间。梁家子女的性格和专长各不相同，而梁启超总是循循善诱、彰显其长。梁启超尊重儿子的兴趣、特长，赞成梁思成研究古代建筑史，梁思忠学习军事，投身于政治。鉴于思成、思永侧重于人文学科，他希望思庄以下的子女学习自然科学，但事实上仅有梁思礼后来承父志，成为火箭专家。因客观条件和个人兴趣，梁思庄没有按照父亲的设想学习生物学或化学，却在其支持下选择了图书馆专业。梁启超自称信仰“趣味主义”，这也是他指导儿女学业的重要原则。

其三，他重视“磨炼人格”教育。梁启超推崇曾国藩的家教，反复告诫孩子们“处忧患最是人生幸事，能使人精神振奋，志气强立”，要“能在困苦中求出快活”。他认为，在困难中保持“寒士家风”，即是“自立之道”。不仅如此，他还强调要在舒服的环境中养成“寒士家风”，教导做领事夫人的梁思顺：你们“都是寒士家风出身，总不要坏自己家门本色，才能给孩子以磨炼人格的机会”。对于梁思忠不愿舒舒服服地读书而想回国参军，他说：“一个人若是在舒服的环境中会消磨志气，那么在困苦懊丧的环境中也一定会消磨志气。”他要求思忠“随遇而安”地学些军事本领再回来。梁启超汲取朱熹、曾国藩的治学心得，主张“莫问收获，但问耕耘”。而治学的过程，“譬如熬肉”，不能急于求成。他开导学业上有些急躁的思成：“凡做学问总要‘猛火熬’和‘慢火炖’，两种工作循环交互着用去。在慢火炖的时候才能令所熬的起消化作用融洽而实有诸己。”寄望思成的学业有一个“慢火炖”的过程。

其四，梁启超以爱国为立身之本，珍视和阐扬中国文化。梁启超一生多变、善变，而爱国之心不改，这种理念也贯穿于家教之中。梁启超珍视祖国文化，在他的影响下，梁家子女虽然留学海外，却热爱中国文化，钻研国学。梁思成在父亲的指导下，民国初年开始读“四书”，留学美国时还研读了李诫的《营造法式》等书，从而奠定了较好的国学基础。梁思成、梁思永等人从不同方面阐发中国文化，契合了近代以来的爱国主义旋律。

其五，梁启超追随时代潮流，更新知识结构。在西学东渐的背景下，他千方百计地让儿女们接受最前沿的学术训练，规划年长的儿女留学美国，较小的留学欧洲或日本。他关心儿女的学业，也为其进入国内学术前沿寻找契机。因梁启超早逝，梁家较小子女的留学计划未能完全如愿，但梁思成、梁思永、梁思礼成为国内学术界的领军人物，又显然跟留学分不开。对于不从事学术研究的儿女、女婿，梁启超仍然叮嘱其汲取新知，比如要求做领事的女婿周希哲“将国际法重新研究一番”，“要跟着潮流求自己职务上的新智识”。这些均体现了梁氏家教的远见卓识。

梁启超的这些家教内容在一些家庭或多或少地存在，但大多数家庭未必能像梁启超那样言传身教，完备无遗，而且贯穿子女成长始终。因此，重温梁氏的家教、家学，对于当代家风家教仍然不乏启示意义。

附录　那些即将消失的传统节日（4）

未到花朝一半春·花朝节

中国有一系列花神，最早的花神叫女夷，后来一些历史人物、文人墨客因为某种花而出名，便被赋予了花神的名号，司职掌管此花。如梅花的花神，是唐玄宗宠爱的梅妃，唐玄宗曾为其立梅亭、种梅林。后来梅妃因为唐玄宗移情于杨玉环，感慨天宝末年朝纲不振，曾作诗怨刺，被打入冷宫。安史之乱时，她拒绝投降叛军，跳井悲壮身亡。百姓因爱其品格，将她推选为梅妃。

花朝节在全国范围内广泛盛行，始于武则天执政时期。此时春回大地，万物复苏，草木萌青，百花或含苞或吐绽或盛开。每到花朝节，女孩子们会绾帘出阁，游春野步，将五色纸笺悬系在花枝上，谓之“赏红”。

《镇洋县志》记载了赏红的习俗：唐朝天宝年间，有位名叫崔玄微的花迷远近闻名。某年二月一个夜晚，一群百花之精幻变的艳丽女子进入他的花园，对他说本欲迎春怒放，可风神阻挠，想请他帮忙解难。崔氏遵照百花仙子们的指令，置备彩帛，将彩帛悬于园中的花枝上。届时果然狂风大作，但枝上花卉有彩帛护持，一朵也没被吹落。后来，喜爱花卉的人争相效仿这一行为，“赏红”也因此成俗。

古时的人们每到花朝时节，百花斗艳，买几束花，找个摊位吃些百花酒、百花糕，恢复些气力，欣赏歌舞、百戏、蹴鞠、秋千、斗花草、选官仙，不亦乐乎。

第五章

卧看牵牛织女星

七夕鹊桥夜，月华凉如水
执一柄轻罗小扇，信步于楼阁轩榭
沉醉在夜色温柔女儿香中
在漫天流萤飞舞间，依稀忆起织女为爱下凡的故事——
本是那仙界美娇娥，却惹上这人间爱恨贪嗔怨
怨邪非邪？已无从知晓
爱有千百种模样，不管哪一种
当我们遥望夜空，见星河倒灌、喜鹊作桥
内心所祈愿着的，不过是——
有情人皆可执子之手，白首偕老

七夕

七夕节由星宿崇拜衍化而来，为传统意义上的七姐诞，因拜祭“七姐”活动在七月七晚上举行，故名“七夕”。在晴朗的夏秋之夜，天上繁星闪耀，一道银河横贯南北，银河的东西两岸，各有一颗闪亮的星星，隔河相望，遥遥相对，那就是牵牛星和织女星。织女星后来衍化成神话中的女神，民间即称为七姐、天仙娘娘、七娘妈等，是编织云彩的女神，也是情侣、妇女、儿童的保护神。经历史发展，七夕被赋予了“牛郎织女”的美丽爱情传说，使其成为象征爱情的节日，从而被认为是中国最具浪漫色彩的传统节日，在当代更是产生了“中国情人节”的文化含义。

牛郎织女鹊桥相会

传说人间有个小伙子叫作牛郎，家里很穷，只有一头牛，哥哥嫂嫂对他非常刻薄，牛郎只能和家里的老牛相依为命。但他性格积极乐观，辛勤劳作，是一个老实厚道的人。

有一天，牛郎出去放牛，累了靠在大槐树下睡觉，醒来的时候，发现老牛脚上居然挑着一套非常好看的女人衣服。牛郎想，衣服的主人一定很着急，就带着老牛去找主人。来到了湖边，发现有一位仙女在洗澡，这仙女正是织女。原来她的衣服被牛挑走了，不能从湖里出来，也不能飞到天上去，正在发愁。

牛郎是个正人君子，赶紧扭过头把衣服放地上带着老牛跑了。织女觉察到牛郎是个好人，心生好感，穿上衣服后暗中去观察牛郎，发现牛郎勤奋老实。织女对牛郎产生了好感，经常来找他玩。牛郎觉得织女很漂亮，温柔贤惠。两个人慢慢产生了感情。后来他们两人结为夫妻，在老槐树下拜堂成亲。老牛成为婚礼的见证者。

结婚后的生活很美好，夫妻俩一起奋斗，耕田种地，建造房屋。过了两年，他们生了一儿一女。

好景不长，王母娘娘发现织女私自下凡，非常生气。因为天庭规定神仙不能和凡人结婚。王母娘娘派天兵天将把织女捉回去，当时牛郎正在田里干活，看到妻子被抓了，急得冒汗。这时老牛竟然开口说话了，它说自己马上要死了，让牛郎剥掉它的皮，披在身上就能飞到天上去追织女。牛郎哭着剥掉老牛的皮披在自己身上，又挑着儿子和女儿飞到天上去追。王母娘娘这时候赶过来，拔下头上的金簪，在夫妻中间一划，顿时一条波涛滚滚的天河横在两人中间，再也无法跨越。织女望着丈夫和孩子，一家人在银河两岸哭得撕心裂肺，催人泪下。王母娘娘也被他们的深厚感情感动，让牛郎也住在天上，允许两夫妻每年七月初七见一面。七月初七这天，牛郎正在发愁怎么跨过银河时，一大堆喜鹊飞了过来，用身体在银河上搭起了一座喜鹊桥，当作夫妻俩见面的天桥。从此以后，每年的七月初七，牛郎织女都会在鹊桥上相会。

七月初七这天，地面的姑娘们会仰望星空，寻找银河两边的牛郎织女星，希望看到牛郎织女一年一度的重逢，祈求自己能像织女一样心灵手巧，也能找到如意郎君。后来人们就把七月初七称为七夕节。

家风解读

牛郎织女的故事中，牛郎为织女的温柔贤惠心动，织女为牛郎的勤奋老实心动，婚后他们勤奋努力建设新生活，爱情遭遇阻拦后面对时间和距离的双重考验仍然对对方忠贞不贰。这个故事不仅歌颂了忠贞不渝的婚恋观，体现了人们对理想爱情的向往和追求，更传承发扬了中华民族优良的传统美德，体现的是一种强烈的责任心。故事里的人物——牛郎、织女善良勇敢、聪明智慧、坚韧不拔、不屈不挠的精神也启迪着我们。

穿针乞巧

穿针乞巧，也叫“赛巧”，即女子比赛穿针。七月初七这天傍晚，家家户户都把庭院清扫干净，年轻妇女和姑娘们先要向织女星虔诚跪拜，乞求织女保佑自己心灵手巧。然后，她们把事先准备好的五彩丝线和七根银针拿出来，对月穿针引线，谁穿得越快，就意味着谁乞到的巧越多，预示着将来她能成为巧手女，穿得慢的称为“输巧”，输巧的人要将事先准备好的礼物送给得巧者。

心灵手巧，内外兼修

纺布、做衣、编织是古代女子最基本的生存技能，下至平民百姓，上至皇后，无人不会。穿针乞巧的活动，给古代女子的生活带来一丝趣味的同时，还能督促女子勤习女红，提高对家庭生活的操持能力。

现在，做针线活已经不再是女子必备生存技能了，并不是每一个女子都会学习，正因为如此，会女红反倒成为当代女子一项不可多得的才艺。所以，如果家族中有擅长针线活的女性长辈的话，可以请她们把这一项不乏趣味又能增强动手能力的传统技能教给家族中对它感兴趣的晚辈。

我给大家分享一个跟针线活有关的家风践行活动——绣字。

1. 每个人事先选择好要绣的字，可以是一句诗，也可以是一副对联，只要应景即可。

2. 让孩子们自己选择丝线的颜色，把字绣在事先为每人准备好的一块布上。

3. 不必强调绣字的速度，但要强调所绣字是否美观。

孩子们稍微学习都能掌握，所绣的内容可以富有意蕴。如果心灵手巧的话，所绣的字可以很美观。这项活动可以促进孩子们的内外兼修，大家可作参考。

乞求姻缘

牛郎和织女的爱情故事在中国家喻户晓，他们对爱情的坚贞令人感动，所以七夕节充满了浪漫的气息。相传每逢七月初七，人间的喜鹊就要飞上天去，在银河为牛郎织女搭鹊桥相会。织女是一个美丽聪明、心灵手巧的仙女，凡间的女子便在这一天晚上向她乞求得到聪慧的心灵和灵巧的双手，此外还祈求赐给自己美满的姻缘。

践行恩爱，幸福传家

孩子的原生家庭状况决定家风，决定家族的命运。一个家庭的建立多源于爱情，在破除封建传统、弘扬法治精神的今天更是如此。曾经的海誓山盟、铭心刻骨都是今天组建家庭的基石，家庭更是为海誓山盟提供了践行的“场”；这个“场”既是有形的空间，也是无形的氛围。父母平常的相处示范，是孩子认识婚恋关系的入门教材，对孩子未来的两性婚姻关系将产生很大的影响。

“迢迢牵牛星，皎皎河汉女”，随着社会的发展，你在北京我在广州的“候鸟夫妻”、即使在同一个城市也不得不做“周末夫妻”的爱情都不在少数，婚姻家庭都面临着当代危机，“银烛秋光冷画屏，轻罗小扇扑流萤”的孤独寂寞不得不承受。但是在快节奏的生活中更要坚守“两情若是久长时，又岂在朝朝暮暮”的信义，唯有彼此忠贞才能系住一个家庭。

面对“候鸟夫妻”“周末夫妻”的挑战，不应战、不付出、不坚持就可能“劳燕分飞”，乐于奉献的精神是幸福家庭的支柱，能让婚姻家庭幸福美满。奉献不在于对家庭做出彪炳千秋的伟业，而在于日常的点点滴滴，一个电话、一句问候、一个拥抱就足够。夫妻间永远不能失去彼此熟悉的味道，都要用心为爱情贴上保鲜膜，去除杂质和尘埃。奉献不在于挂在嘴边而在于隐介藏形，共同面临的敬老孝亲、日子改善，更需要彼此的默契与自觉担当，能够“只要你一个眼神肯定，我的爱就有意义”肩负起日子的重担，共同进步。

除了平常潜移默化的影响，在七夕这个象征爱情的传统节日里，不管是家庭、学校，还是社会，还可以组织新时代的乞缘活动。

新时代的乞缘活动可以在提前安排好的活动场所进行。

1. 如果是在室内进行，可以做一棵乞缘树，如果是在室外，就选一棵真树作为乞缘树。

2. 每人在一张纸条上匿名写出最多三条愿望。可以写出自己期望的爱人是什么样，并写出对未来的期望，然后把写着心愿的纸条挂在树上。

3. 留出一定的时间，大家可以互相观看其他人的期望。

4. 过一两天后，主持人把载有大家希望的纸条收集起来，放进一个盛有水的盆中，等所有纸条浸满水后，捞出纸条成一团埋进树下土里。

这一活动的意义在于——

一是激励参与者保持积极的心态。一个人如果有愿望，说明他的心态是积极的。

二是让参与者明确目标。因为书写愿望的过程也是梳理思路的过程。

三是了解别人。每个人都比较清楚自己希望的恋人是什么样，却不是很清楚别人对自己的期望是什么。当浏览别人的乞愿、别人的期望时，会明白自己该怎么做才能成为被人喜欢的人。

参与这一活动的大人通过分享自己的择偶观可以直接向孩子们传达正确婚恋观，为他们将来的亲密关系埋下幸福的种子。今天我在这里分享给大家作为活动参考。

七夕观星

七夕夜晚坐看牵牛织女星，是民间的传统习俗。初秋时节，晚间9点左右，亮度为0等星的织女星首先出现在天顶附近，随后，在其偏南方向亮度为1等星的牛郎星升起。在两颗星的中间隔着一条横贯南北的白茫茫的天河（即银河），其中牛郎星在河东、织女星在河西，它们深情相望，充满诗情画意。织女星的下方有四颗较暗的星，组成小小的平行四边形，它们就是神话传说中织女编织美丽云霞和彩虹的梭子。牛郎星是颗微黄色的亮星，在它两边的两颗小星叫扁担星，传说中是牛郎挑着的一对儿女。

七夕夜观星，通晓古与今

七夕对于我来说最深的印象就是七夕夜看星星，看月亮。小时候我很好奇传说中的牛郎织女是否真会鹊桥相会，爸爸便会在七夕这天夜晚，专门带我仰望星空，寻找牛郎和织女。我对天文知识有些模糊，只能顺着爸爸的指尖去寻找想象中的织女星。

爸爸告诉我一些关于星星的信息，比如牛郎星和织女星均位居全天二十大亮星之列，一年之中大多数时间都能看到。秋天日落后现身于西面天空，春天日出前在东面天际探出头来，但夏季的观测条件最好。相传七月初七这晚是牛郎织女在银河相会的日子，但其实，七夕鹊桥相会不过是人们的美丽愿望，从科学上来说，牛郎星和织女星相距 14 光年，即使坐几百年的火箭也见不上一面，而且它们的距离是相对恒定的。七夕夜也不例外，彼此的距离不会在这夜缩至最小。

七夕观星的场景虽过去了三十几年了，但直到今天，爸爸带我观星的记忆仍旧留在我的脑海之中，形成了我熟悉的信念，今天为人母的我也是这样带着孩子观星，让他感受中华传统故事中蕴藏的美好，感受星空的神秘，我希望由此能让他对天文学产生好奇心。这就是家风的传承力量。

星空不仅是星空，而且是浩瀚的宇宙在人类眼中的缩影，地球也不过是宇宙中的一颗星星。夜幕降临，当伴随日落出现在天边的第一颗星亮起，我们的目光就开始追逐黑夜的星星。星空原是人类遥不可及、只有想象之中的“神仙”才能触及的梦想之地，是一种不可想象的遥远。可随着科技的进步和天文知识的增长，现在的我们已经可以通过譬如望远镜之类的工具来拉近我们与天空之间的距离。天气晴朗的时候，人的眼睛最远能看到25千米左右的地方，飞机也只不过可以带你到达12千米左右的高空，而用天文望远镜，可以将你的视野延长至137亿到220亿光年远的地方。

夏季是观赏星空的好时机。新时代的七夕夜晚，我们可以给孩子讲牛郎织女的故事，带着孩子去天文馆观星，或是使用望远镜自主观星。这一仰望星空的过程，便是一场震撼孩子们心灵的过程。带着孩子站在一定高度看世界，从地球仰望星空，一点点让孩子感受到七夕传统节日故事与新时代相互承接的意义。

钱氏家族家风

家族成就

钱氏家族从始祖钱镠订立《钱氏家训》以来的1000多年间，历代人才辈出。钱氏家族在全国姓氏的人数排名在90位左右，而钱氏家族优秀人才在全国姓氏的人数排名却进入了前10位。自宋代以来，钱家出了350个进士，载入史册的名人超过1000位。据统计，在近代分布于全世界50多个国家的钱氏后裔中，相当于院士级别的科学家有200多个。有人总结钱家在当代出过1位诺贝尔奖获得者、2位外交家、3位科学家、4位国学大师、5位全国政协副主席、18位两院院士。中国的“导弹之父”钱学森、中国的“原子弹之父”钱三强、《围城》的作者钱钟书、文史学家钱穆、语言文字学家钱玄同、生物学家钱煦、法学家钱端升、水利专家钱正英、化学家钱人元、音乐家钱仁康、中国工程院院士钱易、中国科学院院士钱钟韩、诺贝尔化学奖获得者钱永健，这些钱氏后人的优秀代表都是从小受《钱氏家训》的影响，树立远大的志向，把毕生精力用在了修身、齐家、治国、为天下人做奉献的事情上。

家规家训

钱氏家训

个人篇

心术不可得罪于天地，言行皆当无愧于圣贤。曾子之三省勿忘，程子之中箴宜佩。持躬不可不谨严，临财不可不廉介，处事不可不决断，存心不可不宽厚。尽前行者地步窄，向后看者眼界宽。花繁柳密处拨得开，方见手段；风狂雨骤时立得定，才是脚跟。能改过则天地不怒，能安分则鬼神无权。读经传则根柢深，看史鉴则议论伟。能文章则称述多，蓄道德则福报厚。

家庭篇

欲造优美之家庭，须立良好之规则。内外六间整洁，尊卑次序谨严。父母伯叔孝敬欢愉，妯娌弟兄和睦友爱。祖宗虽远，祭祀宜诚；子孙虽愚，诗书须读。娶媳求淑女，勿计妆奁；嫁女择佳婿，勿慕富贵。家富提携宗族，置义塾与公田，岁饥赈济亲朋，筹仁浆与义粟。勤俭为本，自必丰亨（古同烹）；忠厚传家，乃能长久。

社会篇

信交朋友，惠普乡邻。恤寡矜孤，敬老怀幼。救灾周急，排难解纷。修桥路以利从行，造河船以济众渡。兴启蒙之义塾，设积谷之社仓。私见尽要铲除，公益概行提倡。不见利而起谋，不见才而生嫉。小人固当远，断不可显为仇敌；君子固当亲，亦不可曲为附和。

国家篇

执法如山，守身如玉，爱民如子，去蠹如仇。严以驭役，宽以恤民。官肯著意一分，民受十分之惠。上能吃苦一点，民沾万点之恩。利在一身勿谋也，利在天下者必谋之；利在一时固谋也，利在万世者更谋之。大智兴邦，不过集众思；大愚误国，只为好自用。聪明睿智，守之以愚；功被天下，守之以让；勇力振世，守之以怯；富有四海，守之以谦。庙堂之上，以养正气为先；海宇之内，以养元气为本。务本节用则国富，进贤使能则国强，兴学育才则国盛，交邻有道则国安。

故事1：陌上花开，夫妻情深

吴越王钱镠的原配夫人戴氏王妃，是横溪郎碧村的一个农家姑娘。

戴氏是乡里出了名的贤淑之女，嫁给钱镠之后，跟随钱镠南征北战，担惊受怕了半辈子，后来成了一国之母。虽是年纪轻轻就离乡背井，却还是解不开乡土情结，丢不开父母乡亲，年年春天都要回娘家住上一段时间，看望并侍奉双亲。

钱镠也是一个性情中人，最是念这个糟糠结发之妻。戴氏回家住得久了，便要寄信给她，信中或是思念，或是问候，其中也有催促之意。

那一年，戴妃又去了郎碧娘家。钱镠在杭州料理政事，一日走出宫门，却见凤凰山脚、西湖堤岸已是桃红柳绿，万紫千红，想到与戴妃已是多日不见，不免又生出几分思念。回到宫中，便提笔写上一封书信，虽则寥寥数语，却情真意切，细腻入微，其中有这么一句："陌上花开，可缓缓归矣。"九个字，平实温馨，情愫尤重，让戴妃当即落下两行珠泪。此事传开去，一时成为佳话。

清代学者王士祯曾说："'陌上花开，可缓缓归矣'，二语艳称千古。”后来还被里人编成山歌，就名《陌上花》，在家乡民间广为传唱。

故事2：钱伟长坚定爱国

中国的“力学之父”钱伟长在《钱氏家训》的熏陶和教化下，从小就立下了“利在一身勿谋也，利在天下者必谋之”的志向，终身勤奋，从不懈怠，为新中国科技和教育的发展做出了巨大的贡献。

1931年，从小失去父亲的钱伟长在母亲的苦心培养下，以语文和历史双满分的成绩考取了清华大学历史系。

同年，“九一八”事变发生了。当时社会上有一种说法，日本人有飞机和大炮，抵抗只会成为炮灰。为了使中国人不受外国人欺负，为了造中国人自己的大炮和飞机，钱伟长毅然弃文从理。他当年数理化加英语四科的成绩只考了25分，却为了救国选择了读物理系。救国的动力让他全身心投入到了理科学习上，半年后，他数理化各科的平均成绩就超过了76分；几年后，他以优异的成绩考取了公费留学加拿大的指标。

在办好了各种手续，准备登船远赴加拿大之际，他被告知所乘坐的轮船中途将会在当时侵略我国的敌国日本的港口停靠，他和20多个爱国青年毅然将买好的船票统统扔进了黄浦江，直到半年后等来了中途不在日本停靠的轮船，才去了加拿大。

去了加拿大50天后，他在一本国际学术刊物上发表的一篇文章，震惊了当时世界上最著名的物理学家爱因斯坦。

从加拿大留学毕业后，钱伟长被美国著名的冯·卡门教授的动力研究所邀请去搞研究工作。

工作不久，中华人民共和国成立了，祖国需要大批像他这样尖端的高科技人才，钱伟长为了实现他当年知识报国的愿望，毅然放弃了在美国年薪8万美金的待遇回到了祖国，而当时他回国后每个月的工资仅够买两只暖水瓶。

工作几年以后，又有一次免费到美国进修的机会，美国人让他填一份表格，表格的最后一个问题是："如果中国和美国之间发生了战争，你是站在中国一边还是站在美国一边？"看到这个问题后，钱伟长把笔丢在了一边，表格不填了，美国不去了。他说："我是中国人，如果中国和美国之间发生了战争，我肯定是站在中国人这边，怎么可能站在美国人一边呢！"

…………

这就是钱伟长，用98年的人生书写了一门学问——爱国！

附录　那些即将消失的传统节日（5）

又逢天贶晒龙袍·天贶节

贶，同赐。天贶节，即上天赐予的节日。

天贶节起源于宋真宗赵恒，他是一个非常迷信的皇帝。当时，宋辽之间的战争旷日持久，在主和派的操纵下，宋辽签订了屈辱的“檀渊之盟”，引起了主战派的强烈反对和民怨沸腾。为平息事态，加强自己的统治地位，有一年六月六，宋真宗声称上天赐给他一部天书，他是上天指派的真命天子，并要百姓相信他的胡言，于是将这天为天贶节，还在泰山脚下的岱庙建造一座宏大的天贶殿。随着时间的推移，现在的“天贶节”已失去原来含义，而晒红绿的风俗尚存。

“晒红绿”之俗相传起源于清代，传说乾隆皇帝下扬州的时候遭遇了大雨，淋湿了衣服，所以在天气晴朗以后将自己的衣服也就是龙袍拿出来晒干，这一天正好是六月六，所以民间百姓也争先效仿，家家户户在这一天晾晒衣服。

天贶节受欢迎是因为六月六是传统夏闲时节，可准备秋冬衣物，随着农耕技术改变，夏闲时间改变，此节渐渐失去了它的存在基础。

第六章

万古清光此夜圆

金秋八月，暑气燥去，露白风凉
此时丛桂怒放，摘几朵桂花置入茶具
满园萦绕着清雅馥郁的桂花香
置案几于院内，使孩童燃灯于水面，灯火灿如繁星
家人聚于灯下欢饮为乐
祭明月、吃月饼、赏月夜
此时月至中天，以家为底色
染月色清辉，连接天地苍茫一片
将团圆的祈愿遥寄予尚未归乡的游子
愿年年此夜，人月两圆

中秋

中秋节起源于上古时代，普及于汉代，定型于唐朝初年，盛行于宋朝以后。中秋节是秋季时令习俗的综合，其所包含的节俗因素，大都有着古老的渊源。中秋节以月之圆兆人之团圆，为寄托思念故乡、思念亲人之情，祈盼丰收、幸福，成为丰富多彩、弥足珍贵的文化遗产。

嫦娥奔月

相传远古时候，有一年天上出现了十个太阳，直烤得大地冒烟，海水干涸，老百姓眼看无法生活下去。一个名叫后羿的英雄决心为老百姓解除这一苦难，他登上昆仑山顶，运足神力，拉开神弓，一口气射下九个多余的太阳。

后羿立下汗马功劳，受到百姓的尊敬和爱戴，不少志士慕名前来投师学艺。奸诈刁钻、心术不正的逄蒙也混了进来。

不久，后羿娶了个美丽善良的妻子，名叫嫦娥。后羿除传艺狩猎外，终日和妻子在一起，人们都羡慕这对郎才女貌的恩爱夫妻。

后羿到昆仑山访友求道，巧遇由此经过的王母娘娘，便向王母求得一包不死药。据说，服下此药的一半，能长生不老，服下整包，能即刻升天成仙。

然而，后羿舍不得撇下妻子，只好暂时把不死药交给嫦娥珍藏。嫦娥将药藏进梳妆台的百宝匣里，不料被逄蒙看到了。

三天后，后羿率众徒外出狩猎，心怀鬼胎的逢蒙假装生病留了下来，待后羿率众人走后不久，逢蒙手持宝剑闯入内宅后院，威逼嫦娥交出不死药。嫦娥知道自己不是逢蒙的对手，危急之时她转身打开百宝匣，拿出不死药一口吞了下去。嫦娥吞下药，身子立时飘离地面，冲出窗口，向天上飞去。由于嫦娥牵挂着丈夫，便飞落到离人间最近的月亮上成了仙。

傍晚，后羿回到家，侍女们哭诉了白天发生的事。后羿既惊又怒，抽剑去杀恶徒，发现逢蒙早逃走了，气得捶胸顿足，哇哇大叫。悲痛欲绝的后羿仰望着夜空，呼唤爱妻的名字，这时，他惊奇地发现今天的月亮格外皎洁明亮，而且月中有个晃动的身影，酷似妻子嫦娥。

后羿急忙派人到嫦娥喜爱的后花园里，摆上香案，放上她平时最爱吃的蜜食鲜果和饼，遥祭在月宫里眷恋着自己的嫦娥。

百姓们闻知嫦娥奔月成仙的消息后，纷纷在月下摆设香案，向善良的嫦娥祈求吉祥平安。从此，中秋节拜月的风俗在民间传开了。

家风解读

当代社会，交通、通讯发达，不管相隔多远，始终能保持联系，只要想办法，见面也不是问题。但在此前提下，人们交流、见面的频率反而变低了。这不是条件所限，而是选择所致。故事中，后羿和嫦娥夫妻恩爱，对对方感情深重，却因不死药遭小人觊觎，阴差阳错之下两地分离，只能在中秋之夜、月明之时遥遥相望，对月相思，却永远不得团圆。这正是告诉我们，要珍惜当下、珍惜眼前人，珍惜团圆的时光。

祭月

祭月，实际上是古人对“月神”的一种崇拜活动。在古代有“秋暮夕月”的习俗。夕月，即拜祭月神。拜月，设大香案，摆上月饼、西瓜、苹果、红枣、李子、葡萄等祭品。在月下，将“月神”牌位放在月亮的那个方向，红烛高燃，全家人依次拜祭月亮，祈求福佑。

祭明月，传心愿

传统节日传承需要仪式感，家族长辈或父母可以带领孩子进行祭月仪式。

祭月一般在八月十五傍晚时分进行。具体过程是：

1. 摆祭祀品。月明人定后把各种祭品——月饼、花糕、西瓜等摆到桌子上。

2. 烧香点蜡。所有祭品摆好后，由家庭成员点燃两支红蜡，分别插在香炉两边，烧三炷香插在香炉里。

3. 对月许愿，最后朝着月亮许愿。许愿内容包括祈求月神保佑全家人平安幸福等。我建议长辈许愿时，具体到每一个家族成员，就他们的现实情况许一些具体的愿望，让后辈们更为直接地体会到作为家族一员的被关怀、被期待。

中秋宴俗

古时中国的中秋宴俗，以宫廷最为精雅。如明代宫廷时兴吃螃蟹。螃蟹用蒲包蒸熟后，众人围坐品尝，佐以酒醋。食毕饮苏叶汤，并用之洗手。宴桌四周，摆满鲜花、大石榴以及其他时鲜，演出中秋的神话戏曲。清宫多在某一院内向东放一架屏风，屏风两侧搁置鸡冠花、毛豆枝、芋头、花生、萝卜、鲜藕。屏风前设一张八仙桌，上置一个特大的月饼，四周缀满糕点和瓜果。祭月完毕，按皇家人口将月饼切作若干块，每人象征性地尝一口，名曰“吃团圆饼”。月饼，又叫月团、丰收饼、宫饼、团圆饼等，最初是用来祭奉“月神”的祭品，后来因月饼象征着大团圆，人们把它当做节日食品，用它祭月、赠送亲友。发展至今，吃月饼已经是中国南北各地过中秋节的必备习俗。中秋节这天，人们都要吃月饼以示团圆。

月圆分月饼，阖家话团圆

中秋团聚吃月饼是一种家文化，月饼寓意着人们对“团团圆圆”的期待。

在我家，祭月仪式结束后，等香火点完后，父母要把祭品搬进家中，按照家中的人口数量来分月饼，每人一份，即便是没在家的家庭成员，也要分一份，等日后回来分享或托人送去。同时，水果、糕点也按家庭成员的数量分开，每人一份，表示着全家人的团结和家人对游子的思念。

中秋之夜团圆宴，先请长辈上桌，带领孩子们说感恩词。然后让孩子们先给长辈敬茶。孩子习得这种习惯，有了对长辈的敬畏感，才会懂得做人做事。

宴席之上，长辈会跟晚辈聊聊自己小时候的中秋，讲述中秋的文化，让孩子们对中秋有更立体多面的了解。

一说中秋起源于古代帝王的祭祀活动。二说中秋节的起源和农业生产有关。秋天是收获的季节。八月中秋，农作物和各种果品陆续成熟，为了庆祝丰收，表达喜悦，就以“中秋”这天作为节日。“中秋”就是秋天中间的意思，农历的八月是秋季中间的一个月，十五日又是这个月中间的一天，所以中秋节可能是古人“秋报”遗传下来的习俗。三说源于古老的传说，即嫦娥奔月的故事。

由于诸多现实因素的影响，从古至今，并不是所有的游子，都能在中秋与家人团圆。对每一个人来说，若有条件与家人团聚过中秋，那么就应该坚持这样的方式，因为这可以更好地保存好节日的仪式感；但若是实在无法与家人团聚过中秋，不妨借助现代的通信手段，进行如云聚会、云分享等活动庆祝中秋，其价值同样不容忽视。

赏月、赏桂花

民间中秋赏月活动的文字记载出现在魏晋时期，但未成习。到了唐代，中秋赏月、玩月颇为盛行，许多诗人的名篇中都有咏月的诗句。

八月桂花香，中秋之夜，还有赏桂花之俗。桂花寄托着人们对甜蜜生活的赞美和追求。自古以来，人们把桂花及其果实视为“天降灵实”，作为崇高、美好、吉祥的象征。在家族聚餐的时候闻着阵阵桂香，遥想吴刚砍桂，喝一杯桂花蜜酒，欢庆合家甜甜蜜蜜，欢聚一堂，已成为节日的享受。

观月赏花饮美酒，吟诗唱曲寄情思

中秋之夜，花好月圆，良辰美景，阖家团圆之时，家族长辈可以组织家族成员进行以下活动。

1. 行飞花令，饮桂花酒（大人可以用葡萄酒代替，孩子可以用甜酒代替）。行飞花令时可选用诗和词，也可用曲，但选择的句子一般不超过七个字。比如说，酒宴上甲说一句第一字带有“花”的诗词，如“花近高楼伤客心”。乙要接续第二字带“花”的诗句，如“落花时节又逢君”。丙可接“春江花朝秋月夜”，“花”在第三字位置上。丁接“人面桃花相映红”，“花”在第四字位置上。接着可以是“不知近水花先发”“出门俱是看花人”“霜叶红于二月花”等。到花在第七个字位置上则一轮完成，可继续循环下去。行令人一个接一个，当作不出诗、背不出诗或作错、背错时，由酒令官命令其喝酒。

2. 轮流吟诵含“月”之诗词句。例如：

小时不识月，呼作白玉盘。——李白《古朗月行》

举杯邀明月，对影成三人。——李白《月下独酌》

露从今夜白，月是故乡明。——杜甫《月夜忆舍弟》

秋空明月悬，光彩露沾湿。——孟浩然《秋宵月下有怀》

今夜月明人尽望，不知秋思落谁家。——王建《十五

夜望月寄杜郎中》

明月几时有？把酒问青天。——苏轼《水调歌头》

大漠沙如雪，燕山月似钩。——李贺《马诗·大漠沙如雪》

3. 轮流唱歌词含“花”或含“月”的歌曲。

4. 轮流说出含“花”或含“月”的成语。

中秋节被我们华夏儿女视为全家团圆、圆满祥和的重要日子，这些词语、诗词、歌曲无不让人在这充满浓浓乡情的中秋佳节里期盼回家，期待家人团聚。这些体现中秋特色，体现中华文化的活动，相信能营造出热闹、风雅的中秋氛围，成为孩子长大以后关于中秋佳节的美好记忆。

桐城清河张氏家风

家族成就

桐城清河张氏于明洪武、永乐年间徙自江西鄱阳，因别于邑中同姓，世以郡望称清河张氏。世代耕读传家，六世张淳科举入仕后，氏族乃大。自九世张英开始，科第蝉联，簪缨接踵，“父子双宰相”，“三世得谥”，“六代翰林”，门阀清华，成为里中第一望族。明清两代一族计有进士 26 人，举人 89 人，贡生、国子监生近 700 人，秀才千人，入仕为官者 734 人。上至尚书宰辅，下至州府县令，历时三四百年，宦迹政声载之史册，道德文章饮誉海内。

家规家训

《聪训斋语》是桐城清河张氏的一部典范家训，是留给后世的一份宝贵精神财富。内容深入浅出，富含哲理，读来和风细雨，如沐春风。张英把家训概括为四句话：“读书者不贱，守田者不饥，积德者不倾，择交者不败。”其核心理念就是要求子孙“务本力田，随分知足”，在日常生活中感悟读书、立身、做人、持家的道理，严格要求自己，做一个对社会有益的人。

家风故事

让他三尺又何妨？

清朝时，在安徽桐城有一个著名的家族，父子两代为相，权势显赫，这就是张家张英、张廷玉父子。

清康熙年间，张英在朝廷当文华殿大学士、礼部尚书。老家桐城的老宅与吴家为邻，两家府邸之间有个空地，供双方来往交通使用。后来邻居吴家建房，要占用这个通道，张家不同意，双方将官司打到县衙门。县官考虑纠纷双方都是官位显赫、名门望族，不敢轻易了断。

在这期间，张家人写了一封信给在北京当大官的张英，要求张英出面，干涉此事。张英收到信件后，认为应该谦让邻里，给家里回信中写了四句话：

千里来书只为墙，

让他三尺又何妨？

万里长城今犹在，

不见当年秦始皇。

家人阅罢，明白其中意思，主动让出三尺空地。吴家见状，深受感动，亦退让三尺，这样就形成了一个六尺的巷子，后世人称之为“六尺巷”。

虽然吴家也有人在朝廷做官，但官职比张英小多了，张英如果利用自己的权势让县官做出对自己有利的判决应该不是很难，官宦人家的府邸大小对官员来说十分重要，张英能够恭谦礼让、不仗势欺人，真是难能可贵。

附录　那些即将消失的传统节日（6）

中元月上九衢明·中元节

传说佛陀弟子目连遵照佛嘱，在七月十五建盂兰盆会，借十方僧众之力让堕入饿鬼道的母亲青提夫人吃饱。于是有了七月十五设盂兰供养十方僧众以超度亡人的佛教典故。后来每到七月十五这一天，佛家们就会过“盂兰盆节”，以五果供奉佛、僧，解救在阴间受苦的祖先。道教将每年的正月十五、七月十五、十月十五，定为天官、地官和水官的诞辰日，称上元节、中元节和下元节。道教认为，天官赐福、地官赦罪、水官解厄。因此每逢“三元节”，道观都会举行祈福法会。其中，七月十五中元节，以地官赦罪、超度亡亲为主题。佛教的盂兰盆节与道教的中元节，在唐代同日并行，融合殊为奇特的节日景观。

到了唐朝会昌年间，唐武宗下令灭佛。其间，僧团组织遭遇严厉清洗，寺院财产被抄没充公。众多佛像被熔化后，制造成新的农具和钱币。所有不满四十岁的僧人，被遣散还俗。大约在唐代末期，中元节正式取代盂兰盆节成为节日名称，从此固定下来。

中元节在宋代得到了空前的发展。放河灯是其中的一种习俗，即将点燃的灯盏放于河中，任其漂去，为水中亡魂指引路途。因放河灯极富观赏性和参与性，逐渐成为人们喜闻乐见的中元节民俗活动。

无论七月十五是中元节，还是盂兰盆节，最终都已从宗教节日变成民间节日，寄托着普罗大众对先祖的哀思。

第七章

菊花须插满头归

九为数之极，九九重阳，从一开始演化为节日
便带着人们对『久久』的殷切期盼
当微凉的风递来一片枯黄的叶
自此夏虫沙哑，暮秋夜长，一切都预示着老去
若生命是一场注定枯萎的恣意生长
不妨将生活重新拾掇得体面而从容
重阳时节，约二三亲朋好友
或闲庭信步，沏一壶菊花茶，细品茗香
或野外登高，采一枝山茱萸，装点额发
赴一场岁岁长相守的约

重阳节在历史发展演变中杂糅多种民俗为一体，承载了丰富的文化内涵。在民俗观念中“九”在数字中是最大数，有长久长寿的含意，寄托着人们对老人健康长寿的祝福。1989年，农历九月初九被定为“敬老节”，倡导全社会树立尊老、敬老、爱老、助老的风气。

桓景剑斩瘟魔

很久以前，汝南县有个人名叫桓景。他和父母妻子一家人守着几片地，安分守己地过日子。谁知天有不测风云，汝河两岸忽然流行起瘟疫，夺走了不少人的性命。桓景小时候曾听大人说过，汝河里住了一个瘟魔，每年都会出来散布瘟疫，危害人间。桓景打听到东南山中住了一个叫费长房的神仙，能够教人降妖伏魔的仙术。他决定前去拜访。

谁知他翻越了千山万水，还是找不到仙人的踪迹。有一天，他忽然看见面前站着一只雪白的鸽子不断地向他点头，桓景走近一看，鸽子忽然飞了两三丈远，落地后又不断地向桓景点头。就这样桓景跟着白鸽，终于找到了费长房的仙居。桓景走到门口，恭恭敬敬地跪了两天两夜。到了第三天，大门忽然开了，一个白发老人笑眯眯地对他说："你为民除害心切，快跟我进院吧。"

费长房给了桓景一把降妖青龙剑，让他练习降妖的法门。有一天桓景正在练剑，费长房走过来对他说："今年九月九，汝河瘟魔又要出来害人。你赶紧回乡为民除害，我给你茱萸叶子一包，菊花酒一瓶，让你家乡父老登高避祸去吧。”说完，就用手招来一只仙鹤，把桓景载回汝南去了。

桓景回到家乡，就把费长房的话向大伙儿说了一遍。到了九月九那天，他带着全村老小登上了附近的一座山。分给每人一片茱萸叶子，让瘟魔不敢近前。又把菊花酒倒出来，每人喝了一口，说是可以避瘟疫。安排妥当后，他就带着降妖青龙剑回到村中，等着斩杀瘟魔。

不一会儿，汝河里狂风怒吼，瘟魔出水走上岸来。它冲至山下，却被酒气及茱萸的气味吓得不敢上前。一回头，又看见桓景抽出宝剑。桓景和瘟魔斗了几个回合，瘟魔见斗他不过，转身就跑。桓景“嗖”的一声射出了宝剑，宝剑闪着寒光，一眨眼就把瘟魔钉死在地上。

从此，汝河两岸的百姓再也不受瘟疫的侵袭了。人们就把九月初九登高避祸的习俗，一代代地传到现在。

重阳节是一个能唤起孝悌意识的节日。九月阳气衰减，众人登高避祸，其内里隐含着对生命的珍惜。在重阳节的传说故事中，桓景为了保护他人的生命翻越千山万水，最终求得仙法与瘟魔搏斗，拯救了村民的生命。通过这一故事，我越发感觉到应该对生命进行重新审视，感受时间从自己的内心缓缓流过，感觉到时不我待，要好好珍惜身边每一个人，尤其是与我们相处时间渐短的长辈们。

生命在不断流逝——这样的感受不是让我们去颓废，去消极地对待人生，而是让我们学会珍惜。时间对所有人都是公平的，总有一天，我们都会老去，待到秋风吹白鬓角，秋雨打湿容颜，在某一年重阳节，我们翘首以盼着远去的儿女归来之时，我们会发现，敬老，就是敬未来的自己。

自古忠孝是美德，为国尽忠，在家尽孝，尊敬老人、父母、长辈，是我们每一个人应该具备的品德。孝心无大小，关键要有心。尊老、敬老，此刻正好。

登高

古代民间在重阳节有登高的风俗，故重阳节又叫“登高节”。重阳登高习俗源于此时的气候特点以及古人对山岳的崇拜。登高“辞青”也是源于大自然的节气，与古人在阳春三月春游“踏青”相对应。

登高齐望远，家族乐融融

重阳节时，为什么我们要聚集在一起登高望远？

爬山本身是一项有益于身心健康的体育活动，它可以有效地预防心脑血管疾病、呼吸道疾病等，也有助于提高关节、肌肉的灵活性等。此外山上空气污染少，呼吸新鲜空气对许多种慢性病也有很好的疗效。老年人爬山锻炼还可以增加他们的生活情趣，丰富精神生活。

也许你会觉得平时也登山，特意再提倡重阳节登山好像也没有什么特殊意义，其实不然。家族成员在重阳节一起登高，是给予孩子不一样的精神传导的良好时机。要知道孝悌文化不是说出来的而是做出来的，在重阳节这一强调敬老的日子，众人登高望远，孩子将通过这一有形的行为受到无形的教育。

记得有一年过重阳节，我们都回到奶奶的小房子里过节。大家围坐在一起，请高寿的老人讲几句话。奶奶若有所思，问了一句："大家说说看，今天我们为什么聚在一起？"有人答："为了陪奶奶、看看奶奶啊。"

奶奶接着问："那为什么要陪奶奶、看奶奶呢？"孩子们答："希望奶奶开心啊！"奶奶接着问："为什么希望奶奶开心呢？"答："因为奶奶养育了我们，有恩于我们啊！"

在引导孩子明白了重阳节这天来看奶奶的意义之后，大家选了一个不太陡的小山来进行登高。大家隆重准备，带吃的、带喝的、带户外垫子等一堆东西，由几个孙子拿着。

山爬了一半，孙子们觉得太累，发现东西带得太多。奶奶说：“贪了吧？贪了吧？太贪就会太累啊。”

累了一段路，奶奶吩咐大家都帮着拿，一下子轻松多了。奶奶说：“做事啊，人多了，就轻松了。”

一家人老老少少互相鼓励支持。接近山顶了，奶奶说：“够了，够了，不用到山顶，接近山顶就好。这里看看风景就很好。太高了未必是好事，留有余地会更好。”

众人便席地而坐，这期间有路人经过，奶奶热情招呼，邀请路人一起喝水吃点心，然后路人给我们讲故事。奶奶非常开心地说：“我只是送人一杯饮料，他人却回给我了一段人生财富，真是有福啊。”

要下山了，奶奶吩咐把垃圾全部装好带下山去。奶奶说：“别让山神生气。借了山神的肩看看远方就已经很打扰了，还要丢一堆垃圾，那真是大不敬。”

奶奶一路上说的每一句话无不是对子孙的教诲，奶奶在用她身上的那份高尚品质引导我们子孙后代的价值取向及人生轨迹。孩子们也在奶奶的谆谆教诲中，体会到了不断攀登、不断突破自己思维方式的快乐。

赏菊

重阳日历来就有赏菊花的风俗，所以古来又称“菊花节”。赏菊习俗源于菊文化。菊本是天然花卉，因其花色五彩缤纷且傲霜怒放而形成赏菊、赞菊的菊文化。从三国魏晋以来，重阳聚会饮酒、赏菊赋诗已成时尚。在中国古俗中，菊是长寿之花，又被文人们赞美作凌霜不屈的象征。

赏菊东篱下，悠然冶情操

一句古诗这样写道：待到重阳日，还来就菊花。

重阳这天，天刚刚发亮，我拉开窗帘，天阴沉沉的，大地还被蒙上了一层薄霜。我曾听人说过，只有在下霜之时观赏菊花，才能领会到菊花铁骨铮铮的风采。

奶奶像个老顽童，一说赏菊可来劲头了，和家里的小孩子兴致勃勃地进行着赏菊的必要准备。一切准备就绪之后，我们一家人便踏上了赏菊的路途。

我们的邻居李叔叔是一位远近闻名的花把式，种植菊花是他最拿手的活计，许多珍贵的菊花品种在他的养植园里应有尽有。还没有进入菊园，就从里面飘出一阵阵菊花茶香。出来接待我们的李叔叔手中端着一只里面飘着几朵黄色菊花的透明大水杯，其间还有几颗红红的枸杞。

李叔叔一边捧着菊花茶，一边向奶奶和小孩子们讲重阳节与菊花的故事。一边说着，我们一边走进了菊花园。

近距离接触之下，我们可以清晰地看到每株菊花的枝叶上都挂着一层白霜。然而，每株花上的花朵仍显得那么艳丽，没有被严霜打击，完全是一副傲雪迎霜不屈不挠的样子。

通过李叔叔的介绍，我们认识了菊花家族中许多名贵的品种，同时也增长了许多关于菊花的知识。奶奶买了很多干菊花打算回家教孩子们做菊花枕头，孩子们兴奋地商量着怎么来做菊花枕头送给奶奶。在李叔叔和奶奶的帮助下，每人分工合作用红线在枕套上缝了一句话：九九重阳，寿比南山。

一轮红日在薄雾中时隐时现，暖暖的阳光照射在色彩斑斓的菊花园里，我们又将迎来一个美好的九九艳阳天。

祭祖

重阳节是中国四大传统祭祖节日之一，古代民间素有祭祖祈福的传统。这一节俗在岭南一带至今仍盛行，人们在每年的重阳节举行祭祖活动。无论是祭祖活动还是登高远望，其最根本的作用是增强人们的文化认同感，加强家族和社会的凝聚力。

重阳颂祖德，勿忘长辈恩

九月初九这一天，既是敬老的日子，也是部分中国人的祭祖之日，大家所说的“拜太公山”，就在这天。这一天对于我们家族的人来讲是一年最重要的日子之一，所有家族成员都要回来“拜太公山”，特别是男丁。

除了祭祖践行以外，1989年，国家把九月初九定为敬老节，意在将传统与现代巧妙结合，使这一天成为教育社会成员尊老、爱老、助老的节日。

从我孩子读小学一年级开始，每个月我都会带他去养老院一次，看望那些需要关心的爷爷奶奶们。在冬季到来之际为老人们买上一些采暖设备，在开春的季节里为老人们换洗床单被褥……养老院的老人们基本上都慢慢认识了我和孩子。从我孩子三年级开始，我们班级家委会会组织孩子们给爷爷奶奶们表演节目，一些家长主动为老人们送上一份水果，表达对老人们的关爱和尊敬。

虽然说重阳节是敬老节，但其实尊老、敬老是不分时间的。我们大人在日常生活中花一点点时间来做尊老、爱老的行为，让孩子看在眼里记在心里，当孩子们参与其中，便多了一份对长辈的牵挂，多了一份责任，这一点一滴便无形地植入了孩子的内心。

诸葛亮家族家风

家族成就

诸葛镇的诸葛后裔重视继承先祖家风，历代人才辈出，仅明清两代就有进士5人、举人11人、贡生35人、秀才百余人。到近代，专家学者也涌现不少。

家规家训

诫子书

夫君子之行，静以修身，俭以养德。非淡泊无以明志，非宁静无以致远。夫学须静也，才须学也，非学无以广才，非志无以成学。淫慢则不能励精，险躁则不能治性。年与时驰，意与日去，遂成枯落，多不接世，悲守穷庐，将复何及！

家风故事

诸葛亮鞠躬尽瘁

提起三国里最足智多谋的人物，很多人第一个想到的便是诸葛亮。作为三国中最有才华的诸葛先生，先是以一番隆中对勾勒出了刘备的未来前景，后又逐步把计划展开实施，为刘备再建了汉家王朝。然而中期刘备为了夺回荆州，执意要征伐吴国，结果被吴国打击到败退永安，并一病不起。

刘备临死前，召诸葛亮到临时驻扎的白帝城，刘备在病榻前望着陪他一起建立蜀国的丞相，将整个国家和子嗣都托付给了他："如果我的儿子（刘禅）可以辅助，便辅助他；如果他没有才干，你可以取而代之。"诸葛亮说："我将为国报效，直到我死。"

后刘备逝世，刘禅继位，封诸葛亮为武乡侯。

虽然万般艰难，但诸葛亮毅然决然地撑起了整个蜀汉。他历经艰难恢复民生，而后又率军北伐，誓要完成刘备死前的夙愿。为此诸葛亮夙兴夜寐，一时一刻都不敢懈怠。他在辅佐刘禅的过程中兢兢业业、事必躬亲，没有一天清闲日子过，毫不夸张地说，诸葛亮便是后蜀汉时期的主心骨。

在三国之中，像诸葛亮这样一心一意投身于王朝建设，而不具备私心的实属少数。后诸葛亮因殚精竭虑操劳过甚，病逝于五丈原。

诸葛亮的一生，是“老骥伏枥，志在千里；烈士暮年，壮心不已”最真实的写照。他一生为蜀国鞠躬尽瘁，其忠君爱国思想为后人所赞颂。诸葛亮呕心沥血、殚精竭虑地辅佐先主后主，因此成了忠臣标杆，为其后历代的统治者所推崇。

一千多年过去了，诸葛亮留下的《出师表》《诫子书》等名篇依然熠熠生辉。再过一千年，他的思想一样会光芒四射，而这便是诸葛亮留给后世永恒的财富。

附录　那些即将消失的传统节日（7）

聊将一并寄哀思·寒衣节

相传秦朝时期，江南松江府孟、姜两家种葫芦种出了一个女娃儿，取名孟姜女，孟姜女长大后嫁给了一个叫范杞良的男人。可后来，范杞良被抓去修筑北疆长城，孟姜女千里寻夫送寒衣，寻到长城脚下，不想得到的却是丈夫的死讯。孟姜女悲愤交加，在长城下昼夜痛哭。

为了纪念孟姜女千里寻夫送寒衣，长城内外便将农历十月初一这天称作寒衣节。“十月初一烧寒衣”成为北方凭吊已故亲人的风俗。同时，这一天也标志着严冬的到来，所以也是为父母爱人等所关心的人送御寒衣物的日子。

中国人自古有“事死如事生”的观念，人们在寒衣节不仅要为在世的亲人添衣，也要为已经故去的亲人和祖先添衣。凡属送给死者的衣物、冥钞诸物，都必须烧焚，只有烧得干干净净，这些阳世的纸张，才能转化为阴曹地府的绸缎布匹、房舍衣衾及金银铜钱。只要有一点没有烧尽，就前功尽弃，亡人不能使用。所以十月初一烧寒衣，要特别认真细致。这种行动虽然看来好笑，却也反映了生者对亡人的哀思与崇敬，属于一种精神上的寄托。

亡人能否收到这些寒衣我们不得而知，但这个节日最重要的意义在于提醒活着的人们，要永远对祖先心存一份敬意，对亲人怀有一份温情，珍惜眼前人。